나에겐 상처받을 이유가 없다

자기밖에 모르는 사람들에게 휘둘리지 않고
나를 존중하는 삶의 시작

나에겐 상처받을 이유가 없다

원은수 지음

ORNADO
토 네 이 도

천국에서 온화한 미소를 짓고 있을

사랑하는 장기석을 추모하며

누구나 어느 정도는 이기적이다. 마더 테레사도 예외는 아닐 것이다. 그렇지만 '사람이 어떻게 저럴 수 있지?' 하는 마음이 드는 순간이 있다. 오직 순도 99퍼센트 나 덩어리인 사람을 만난 것이다. 게다가 어쩌다 한 번 그런 게 아니라 일관성도 있다. 심각한 나르시시스트를 만난 것이다. 기브 앤 테이크가 아닌 테이크 앤 테이크만 존재하는 사람, 상처를 주고도 미안함과 후회, 반성이란 찾을 수 없는 존재가 이 세상에는 있다. 현대사회에서 전반적 자기애 지수가 올라가고 일회성 관계가 늘어나며 경쟁이 심해지면서 다양한 유형의 나르시시스트가 우리 주변을 스쳐 지나가고 있다. 저자는 나르시시스트인지도 모른 채 우리의 뒤통수를 치고 지나갔던 그들의 유형을 알려주며 그 범위를 한층 넓힌다. 그리고 아무렇지 않게 나를 함부로 대하며 안하무인인 이들이 쳐놓은 관계의 그물에서 무사히 빠져나올 구체적인 로드맵을 알려준다. 한 번이라도 그들에게 데어보았고, 다시는 같은 실수를 반복하고 싶지 않은 사람이라면 꼭 읽어보기를 권한다.

하지현 건국대학교 의학전문대학원 교수, 《고민이 고민입니다》 저자나 역시 정신과 의사로 나르시시스트에게 착취되고 고통받는 수많은 사람을 만난다. 이때 가장 속상한 점은 많은 이들이 나르시시스트 부모, 형제, 배우자, 상사, 연인, 친구에게 상처받으면서도 가스라이팅을 당해 오히려 자기 탓을 한다는 것이다. 저자는 이런 사람들을 위해 나르시시스트에 대해 더욱 깊이 공부하며 유튜브 채널을 통해 이를 공유해 왔고, 나는 곁에서 그 진정성을 지켜봤다. 드디어 기대하던 책이 나와 기쁘다. 이토록 섬세하고 구체적으로 다양한 나르시시스트에 대해 다루고, 그들로부터 나 자신을 지키고 실질적인 대처법까지 안내하는 책이 또 있을까? 많은 사람이 자신을 괴롭히던 아픔의 본질에 대해 정확하게 이해함으로써 무엇보다 소중한 자신의 마음을 지키고 독립적인 삶을 회복하길 바란다.

정우열 정신건강의학과 전문의, 《힘들어도 사람한테 너무 기대지 마세요》 저자

그것은 결코
당신의 잘못이 아니다

나는 정신과 의사로서 우울감과 불안감을 포함한 다양한 증상들로 내원한 내담자들과 수만 번의 면담을 진행해왔다. 그중 상당수가 대인 관계로 인한 스트레스를 경험하고 있었고, 특히 자신의 인생에서 중요한 인물인 배우자와 애인, 부모와 형제, 자녀, 매일 마주해야 하는 직장 상사와 동료, 가까운 친구나 지인들과의 해결되지 않는 갈등으로 인해 괴로워했다. 그리고 이러한 상황을 스스로의 탓으로 여기며 자신을 부족하고 나약한 사람으로 생각하고, 이로 인해 자존감이 매우 낮아진 상태였다.

　그러나 깊이 있는 면담을 통하여 상황을 자세히 들여다보면, 현재 갈등 상황의 핵심적인 원인 제공을 하는 측은 내담자가 아닌, 그 관계에 함께 놓여 있는 상대방이라는 것을 알 수 있었다. 또한 많은 경우 그런 상대들은 자기애성 성격narcissistic personality 특성을 강하게 띠고 있었다. 내 인생 역시 돌아보면 나에게 상처와 괴로움을 준 과거 그리고 현재 인물들 가운데는 나르시시스트narcissist가 많다.

한발 더 나아가 사회 전반의 많은 문제가 나르시시스트로 인해 초래되고 있다. 가족 관계 안에서는 통제적인 부모로 인한 자녀들의 정서적 문제, 방임이나 폭력 등의 아동 학대, 극심한 고부 갈등, 남녀 관계 안에서는 정서적 교류 부재, 의처증과 의부증, 외도, 데이트 폭력 등이 있으며, 직장 내에서는 유해한 업무 환경, 직장 내 괴롭힘, 성희롱, 사회적 이슈로는 인종, 성별, 정치적 관념 등에 따른 집단 간 갈등, 갑질, 악플러, 각종 범죄 행위까지 나르시시스트적 이슈와 연결되어 있다.

그렇다면 그들은 어떤 사람일까? 나르시시스트는 어떤 특성을 어느 정도 지니고 있는지에 따라 그 모습이 가지각색이다. 또한 관계 초반에는 자신의 건강하지 않은 특성을 잘 숨기고 자신을 포장하는 데에 능숙하기 때문에, 대부분의 경우 상대방이 나르시시스트라는 것을 처음부터 알아보기란 쉽지 않다. 나 역시 정신건강의학과 전문의로 오랜 시간 의학서적과 논문 또 진료를 통해 자기애성 성격에 대해 공부하고 익혀 왔지만, 나르시시스트에 대한 인식이 제대로 형성된 결정적인 계기는, 개인적인 경험을 통해서이다.

내가 아끼는 사람이 인생에서 가장 힘들고 취약한 시기에 주변의 나르시시스트에게 칼로 베는 듯한 상처를 반복적으로 받는 것을 보면서, 우리 인생에서 나르시시스트가 구체적으로 얼마나 심각한 악영향을 미칠 수 있는지를 뼛속까지 인지하게 되었다. 또한 내가 지금 알고 있는 지식을 그 당시에도 알고 있었더라면 그 사람이 나르시시스트의 공격에 보다 현명하게 대처하도록 더 큰 힘을 보태줄 수 있었을 것이라는 안타까움이 크다. 다른 사람들은 나와 같은 시행착오를 겪지 않았으면 하는 바람에서, 그동안 습득해온 전문적인 지식과 상담, 경험을 바탕으로 이 책을 집필하게 되었다.

어떤 이들은 특정 유형의 사람들을 매도하는 것은 아닌지, 또 양극화 현상을 초래하는 것은 아닌지 우려의 목소리를 낼 수 있다. 정신과 의사로서 이들을 오히려 긍휼히 여겨야 하는 것이 아니냐는 반문 또한 제기할 수 있다. 만약 특정 개인이 본인의 나르시시스트적 특성을 인지하고 치료를 받고자 노력한다면, 나 역시 의사로서 그 아픔과 상처에 공감하고 치유될 수 있도록 최선을 다한다. 그러나 이 책에서 일컫는 나르시시스트는 자신의 특성을 인지하고 변화를 위해 애쓰는 사람들이 아니다. 오히려 주변 사람들을 비난하고 깎아내리는 이들이다.

의사로서 가장 안타까운 것은 나르시시스트로 인해 고통을 겪는 사람들이, 현재의 이 고통이 자신의 잘못이나 나약함으로 인해 생긴 것이라고 오해하고 있는 부분이다. 그동안 나는 많은 내담자들이 상담과 치료를 통하여 갈등 상황의 본질을 깨닫는 순간, 안도감과 자유함을 경험하는 것을 반복적으로 지켜보았다. 그리고 이들은 나아가 인생의 모든 관계를 돌아보며 더욱 건강하고 행복한 삶을 살기 위해 변화하기 시작했다. 마찬가지로 당신에게 이 책이 그것은 절대 당신 탓이 아니라고, 이제 더 자유롭고 풍요로운 삶으로 나아가라고 안내하는 통로가 되길 바란다.

Part 1 왜 나는 계속 상처만 받는 걸까?

Chapter 1 그 사람은 왜 자기밖에 모를까?

Chapter 2 나를 힘들게 하는 사람들의 특징

Chapter 8 또다시 상처받지 않는다

왜 나는 계속
상처만 받는 걸까?

그 사람은 왜
자기밖에 모를까?

자기밖에 모르는 사람들의 정체

많은 사람들이 나르시시즘narcissism을 자기 자신을 사랑하는 긍정적인 의미로 또는 반대로 자기 자신에게만 지나치게 몰두하는 이기적인 성격을 띤 부정적인 의미로만 생각한다. 그러나 나르시시즘은 건강한 종류와 건강하지 않은 종류 모두를 포함한 개념으로, 모든 사람은 두 가지의 나르시시즘을 어느 정도는 함께 지니고 있다.

그런데 이때 건강한 나르시시즘보다 건강하지 않은 나르시시즘이 더 광범위하게 존재하는 사람들이 있다. 이들은 자기중심적인 성격 특성을 형성하여 자신의 필요에 의해서 상대에게 정서적, 물리적 피해를 준다. 학계에서는 이러한 사람들의 성격을 자기애성 성격이라고 칭하며, 특정 자기애성 성격 특성들의 조합을 지닌 채 다른 사람들에게 어떤 강도로든 고통을 초래하는 사람들을 나르시시스트라고 칭한다. 만약 당신이 현재 특정 관계 안에서 어떠한 괴로움을 경험하고 있다면, 상대방이 다음의 자기애성 성격 특성 중 일부를 지니고 있을 가능성이 높다.*

- 다른 사람의 기분(감정)과 필요(욕구)를 인식하는 공감 능력이 떨어지고 감정 이입이 잘 되지 않는다. 따라서 자신의 행동이 남들에게 어떤 영향을 미치는지 이해하지 않으며, 자신이 다른 사람에게 미치는 영향을 과장하거나 축소해서 받아들인다. 즉, 자신의 잘못된 언행이 상대방에게 얼마나 부정적인 영향을 미치는지 인지하지 않는 반면, 중요하다고 여기는 사람들에게는 자신이 실제보다 훨씬 더 큰 영향력을 행사한다고 믿는다. 또한 자신과 관련이 있다고 여겨질 경우에는 타인의 반응을 과민하게 감지하고 이에 대응한다.

- 자신이 다른 사람보다 낫다고 믿으며, 자신의 중요성에 대해 과대한 느낌을 가져서 자신의 성취와 능력에 대해서 과장하

---

* 1952년부터 미국 정신의학회가 주관하여 기획·출판하는 의료편람인 '정신질환의 진단 및 통계 편람 제5판 Diagnostic and Statistical Manual of Mental Disorders, Fifth Edition(DSM-5)' 자기애성 성격 장애의 진단 기준에 의한 특성이다.

고, 적절한 성취도 없이 자신이 우월하다고 인정받기를 기대한다.

• 특권 의식을 지니고 있으며 자신이 특별한 호의적인 대우를 받거나, 자신의 기대에 다른 사람들이 순응하기를 불합리하게 기대한다.

• 자신은 특별해서 다른 특별하고 높은 지위의 사람만 자신을 이해할 수 있고, 또 교류해야 한다고 믿는다.

• 거만하고 건방지며 다른 사람들을 업신여긴다.

• 자기중심적이다.

• 관심의 중심이 되려고 지나치게 시도하고, 과도한 존경과 감탄을 요구한다.

• 성공, 권력, 탁월한 재능, 아름다움에 몰두한다.

• 다른 사람을 자주 질투하거나 다른 사람이 자신을 시기하고 있다고 믿는다.

- 관계가 대체로 피상적이며, 다른 사람에 대한 진정한 관심이 적고, 개인적 이익이 더 중요하다. 다른 사람과 관계를 맺는 주된 이유는, 그들을 통해 자신의 자존감을 높이기 위해서이다. 그래서 많은 경우 자신을 돋보이게 하는 외적인 조건들을 갖춘 대상을 선택하고, 자신이 필요로 하는 것들이 충족될 정도로만 피상적으로 관계를 유지한다.

- 대인 관계에서 착취적이어서 자신의 목적을 달성하기 위해서 다른 사람을 이용한다.

자신의 정체성에 대해

나르시시스트는 이와 같은 자기애성 성격 특성을 다양한 가짓수와 강도로 보일 수 있다. 이러한 특성들의 근간에 자리 잡고 있는 나르시시스트의 핵심적인 내면 심리는 겉으로 잘 드러나지 않는 불안정한 정체성과 자존감이다.

건강한 정체성을 지닌 사람은 자기 자신을 개별적인 개체로 인지하여 다른 사람과 자기 자신 사이의 경계가 뚜렷하고, 자존감이 안정적으로 유지된다. 자신에 대한 평가가 대체로 정확하며, 여러 감정을 조절하는 능력을 갖추고 있다. 또한 자신과 다른 사람을 긍정적인 측면과 부정적인 측면 모두 지니고 있는 통합된 개체로 바라볼 수 있다.

반면에 나르시시스트는 개인마다 정도의 차이는 있지만, 내적으로 견고하게 통합된 정체성을 지니고 있지 못해서 일관된 정체성을 지속적으로 유지하는 데 문제가 있고, 다른 사람의 인정과 확인을 통해서만 스스로의 정체성을 확립하고 자존감을 유지할 수 있다. 따라서 타인의 끊임없는 찬사가 없으면 자존감에 큰 타격을 받으며, 자신이 누구인지에 대한 혼돈이 온다. 스스로에 대해 현실적으로 직시하지 못하여 자신이 매우 잘난 사람이거나 또는 못난 사람이라고 여기고, 이런 양극단의 자기 평가 사이를 오간다. 또한 상황이 자신이 원하는 대로 잘 풀려 자존감이 높아진 상태에서는 감정 조절을 비교적 잘하는 것처럼 보이나, 원하는 대로 일이 풀리지 않아서 자존감이 낮아진 상태에서는 무능감과 수치심을 쉽게 경험하며 감정 조절이 어려워서 분노감이나 우울감 등을 표출할 수 있다.

나르시시스트는 다른 사람의 인정과 평가를 토대로 인생 목표를 설정하려는 경향이 있다. 즉 내적인 가치와 자신과 사랑하는 사람들의 행복과 안녕을 위한 것이 아닌, 다른 사람들이 원하고 높이 평가할 만한 목표를 추구하는 것이다. 또 자신이 특출하다는 것을 보이기 위해 비현실적으로 과대한 목표를 설정하기도 한다. 반대로 자신은 남들처럼 아등바등 노력하며 살기에는 너무 잘났다는 특권의식으로 인해 인생의 목표를 지나치게 낮게 설정하기도 한다. 자신이 노력함에도 불구하고 목표를 달성하지 못할 것에 대한 두려움과 좌절을 피하고 싶은 욕구 때문에 무의식적으로 이런 선택을 하고 있음을 인지하지 못할 수 있다.

나르시시스트의 성격

흔히 나르시시스트와 자기애성 성격 장애 환자를 동일시하는 경우가 많은데 둘은 동일한 의미가 아니다. 과거 정신분석학 관련 문헌들에서 나르시시스트 용어를 같은 의미로 사용하기도 했지만, 사회심리적 의미에서 일반인들이 사용하는 나르시시스트 개념은 그렇지 않다는 견해를 밝힌다.

　나르시시스트에 대한 정의를 더 명료화하기 위해, 먼저 성격의 개념에 대해 살펴보자. 정신분석적으로 성격personality은 개인이 생각하고 느끼는 독특한 패턴, 자신과 다른 사람을 이해하고 소통하는 특정 방법, 주로 사용하는 방어기제, 특정 상황에서 나타나는 특유의 적응 방법, 개인을 움직이게 하는 원동력, 그리고 남몰래 지니고 있는 판타지 등 다양한 심리적 요소가 전부 뭉쳐져 형성되는 것이다. 정신분석가 오토 컨버그Otto Kernberg는 성격을 타고난 기질, 반복적으로 보이는 행동 특성과 정체성, 도덕성 그리고 지능의 조합이라고 정의했다.

따라서 일상생활에서 겉으로 보이는 모습만으로 그 사람의 성격을 정확하게 평가하기는 어렵다. 전문가가 충분한 시간을 두고 깊이 있는 면담을 하면서, 무의식적 요소를 토대로 어떤 심리 체계가 세워져 있는지 자세히 들여다보아야 상대의 성격이 어느 정도 정확하게 파악될 수 있다.

정신분석적으로 성격을 평가하는 경우에, 먼저 크게 두 가지 측면을 본다. 첫 번째는 어떤 성격 유형인지에 대한 평가이고, 두 번째는 성격의 건강한 정도에 대한 평가이다. 한 사람의 성격은 상대적으로 건강한 수준에서부터 정신증적 수준까지 하나의 연속선상 위 어딘가에 존재한다. 그리고 이 연속선상을 임의적으로 건강한 수준, 신경증적 수준, 경계선 수준, 정신증적 수준 이렇게 크게 네 단계로 구분 짓는다.

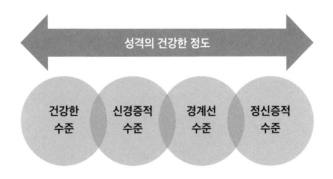

자기애성 성격 장애는 경계선 수준에서 정신증적 수준에까지 이

를 수 있는 상태로 바라본다. 그러나 나르시시스트의 경우, 성격 유형은 자기애성 성격으로 이에 해당하는 특성을 지니고 있지만, 성격의 건강한 정도는 천차만별이다.

이에 성격의 건강한 정도가 신경증적 수준 안에 속하는 나르시시스트는, 어느 정도 대인 관계를 적절히 맺고 비교적 안정적으로 자신에게 주어진 환경에 적응하는 등 전반적으로 무난하게 지내는 것처럼 보일 수 있다. 그러나 성격의 건강한 정도가 병적인 수준에 가까운 경우에는 매우 유해하고 파괴적인 모습을 보인다. 다시 말해, 나르시시스트는 자기애성 성격 유형이지만 건강한 측면을 어느 정도 지닌 사람일 수도 있고, 정신증적 수준에 더 밀접한 자기애성 성격 장애를 지닌 사람일 수도 있다.

따라서 자기애성 성격 장애를 지닌 사람은 나르시시스트라는 용어의 개념 안에 포함되지만, 모든 나르시시스트가 자기애성 성격 장애를 진단받을 정도로 경계선 수준 또는 정신증적 수준의 성격적인 결함을 갖고 있는 것은 아니다.

그런데 성격 유형에 비해, 성격의 건강한 정도는 겉으로 보이는 모습만으로는 판단하기 어렵다. 더군다나 한 사람을 평가할 때 외적 조건이 판단 기준으로 작용하는 경우가 많아서 경제적으로 부유할수록, 사회적 지위가 높을수록, 외모가 아름다울수록 그 사람이 '괜찮은 사람'이라고 여기는 경우가 많다. 그러나 한 사람이 정서적으로 얼마나 건강한지는 외적 조건과 비례하지 않는다. 외적으로는 풍요로워 보이지만 내적으로는 빈곤한 사람들이 허다하다. 더욱이 나르시시스트는 관계 초반에 자신의 특성을 숨기는 데 능숙하기에 이를 감지하기까지 상당한 시간이 소요되는 경우도 많다. 나르시시스트와 함께 사는 가족도 십수 년 동안이나 그가 병적인 수준의 성격적 문제가 있다는 사실을 인지하지 못한 채 지내는 경우도 있다.

하지만 그들의 심리 기저와 행동 패턴에 대해 잘 이해하고 있다면 상대가 나르시시스트임을 감지하는 것이 불가능한 일도 아니다. 한 사람의 보여지는 행동은 결국 그가 지니고 있는 여러 성격 특성이 상호 작용하여 수면 위로 드러나는 것이다. 따라서 나르시시스트를 알아보고 그 관계에서 현명하게 대처하려면 그들의 행동 패턴에 대한 깊이 있는 이해가 필요하다.

자기애성 성격 특성을 근간으로, 나르시시스트들은 다양한 모습을 지닐 수 있다. 다음 장에서는 각 성격 특성이 인간관계 안에서 어떻게 나타날 수 있으며, 어떤 행동을 야기할 수 있는지 자세하게 다루어보도록 하겠다.

Chapter 2

나를 힘들게 하는
사람들의 특징

그렇게 행동하고도
정말 부끄럽지 않을까?

나르시시스트인 S부장은 잘 모르는 타 부서 사람들 앞에서는 근엄한 모습을 보이려고 노력하는 반면, 자신과 아주 가깝게 지내는 팀원들에게는 낯 뜨거운 모습을 많이 보인다. 예를 들어 팀원이 불편해하는 기색이 역력한데도 자주 술자리에 데리고 가서 강압적으로 술을 먹인다던가, 본인의 가족 여행을 위한 숙소 예약 등 개인적인 업무를 시키기도 한다. 또는 부서에 할당된 공적인 비용도 마치 개인 비용인 것처럼 사용하는 경우가 잦다. 계속되는 S부장의 그릇된 행동을 옆에서 지켜보던 팀원들은 이러한 의문을 품게 되었다.

'그는 정말 남부끄러운 줄 모르는 걸까?'

그러던 어느 날, 타 부서 팀장도 함께하는 회식 자리에서 S부장과의 갈등으로 퇴사를 앞둔 한 팀원이 주변의 만류에도 불구하고 작심하고 S부장의 행동에 대해 하나하나 얘기하기 시작했다. "우리 부장님은 가족 여행도 팀원들과 함께 하시잖아요…" 갑작스런 이야기들에 타 부서 팀장이 매우 놀라는 눈치였으나 딱히 그의 행동에 대해 부정적인 말을 하지는 않았다. 하지만 S부장은 얼굴이 금세 붉으락푸르락하더니 자신의 분노를 쏟아내기 시작했다. "무슨 헛소리야! 내가 언제 그랬어? 너 여기 그만둔다고 무사할 줄 알아? 내가 다시는 어디에도 취직 못하게 만들 거야." 그러더니 자리를 박차고 나갔다.

이 사례에서도 알 수 있듯이 나르시시스트도 부끄러운 줄 안다. 그들은 '수치심'을 아주 잘 느낀다. 하지만 그들이 보통 사람과 다른 점은 그들은 '죄책감'을 잘 느끼지 않는다는 것이다. 그렇기에 양심의 가책 없이 상대에게 피해를 주는 행위를 스스럼없이 하게 된다. 그렇다면 죄책감과 수치심은 어떻게 다른 것일까?

수치심과 죄책감은 모두 잘못된 행동에서 느끼는 불편한 감정으로 얼핏 보면 비슷하다. 하지만 두 감정의 본질은 매우 다르다. 이 본질의 차이를 잘 이해한다면, 나르시시스트의 내면 세계를 더 잘 파악할 수 있다.

그들에게 수치심이란

죄책감은 나 스스로 느끼는 불편한 감정으로, 자신의 기대치에 미치지 못하거나 신념에 반하는 행위를 한 경우 경험하는 무가치함이다. 그래서 나의 잘못된 행동으로 인해 누군가 피해를 보면, 잘못을 인지하고 책임을 느끼며 스스로 내 행동을 뉘우치게 만드는 감정이다.

반면에 수치심은 자신의 잘못된 행동을 다른 사람들이 알게 됐을 때 느끼는 창피함이다. 열등한 위치에서 남들에게 발각될 때 느끼는 감정이며, 스스로 잘못을 느껴서 괴로운 것이 아니라 남이 나를 바라보는 부정적인 시선 때문에 괴로운 것이다. 이는 매우 원시적인 단계의 감정으로 성숙의 과정을 통해 죄책감으로 변형된다.

이러한 수치심은 대개 우울감, 불안감, 자괴감 등의 불편한 감정으로 이어지는데, 보통 사람들은 많은 경우 자신의 잘못으로 발생한 감정이니만큼 이를 수용하고 견디려고 노력한다. 그런데 나르시시스트는 불안정한 자존감으로 인해 그러한 불편한 감정을 제대로 소화하지 못하고, 폭발적인 분노감으로 변형시켜 표출하는 경우가 대부분이다. 그래서 자신의 잘못을 지적하여 수치심을 자극시키는 상대에게 엄청난 공격성을 드러내기도 한다. 이처럼 그들은 죄책감이라는 감정을 통해 내적으로 자신의 행동을 제어하지 못하고, 수치심이라는 감정을 통해 외부로부터만 자신의 행동을 조절받는 것이 가능한 유형이다. 그렇기에 외부에서 조절받지만 않는다면, 만행들을 아무렇지도 않게 지속할 수 있는 것이다.

따라서 그들은 자신의 잘못된 행동을 다른 사람들은 절대 알 수 없다는 확신이 있는 상태에서는 잘못된 행동을 서슴지 않고 할 수 있다. 가끔 우리는 언론을 통해 평소에는 도덕적으로 아무런 문제가 없는 것처럼 보였던 사람이 심각한 위법 행위를 저질렀다는 보도를 듣는다. 이러한 사람의 경우는 평소에는 수치심을 느끼게 될까 봐 법적으로 문제가 되는 행위를 하지 않다가, 자신이 생각하기에 다른 사람들에게 걸릴 일이 절대 없다고 여기는 상황에서는 그렇게 행동하는 것이다.

왜 저렇게까지 화를 내지?

우리 주변을 둘러보면 쉽게 분노하는 사람들을 찾아볼 수 있다. 분노rage와 화anger는 정확한 의미에서 구분되어 사용하는데, 분노는 화의 감정보다 더 격렬하고 조절이 어려운 감정 상태를 뜻한다. 이에 나르시시스트가 표현하는 감정은 나르시시스틱 앵거narcissistic anger라고 부르기보다 나르시시스틱 레이지narcissistic rage라고 지칭한다.

나르시시스트의 이런 격렬한 분노는 매우 위험한 수준까지 이를 수 있고, 자칫 폭력적인 행동으로까지 이어질 수 있다. 폭력은 다른 사람을 때리는 행위는 물론 폭언이나 물건을 던지거나 거울이나 벽을 치는 등 스스로에게 가해를 입히는 행위도 포함된다. 나는 화가 나서 사람들 앞에서 자신의 뺨을 스무 대가량 때리는 이도 목격한 적이 있다. 다른 사람을 때리면 고소당할 수 있으니 자신의 분노를 스스로를 때리면서 상대에게 위협을 가하는 것이다.

이렇게 격렬한 분노를 표출하는 사람을 가까이에서 경험한 사람은 그것이 다른 주변 사람에게 공포감과 무력감 등 얼마나 힘든 부정적인 감정을 일으키는지 알 것이다. 아직도 회사 내에서 자신의 기분이 좋지 않거나 일이 뜻대로 진행되지 않으면 소리를 지르고 책상을 내리치며 폭언을 하는 등의 과격한 행동을 보이는 사람들이 존재한다. 상사의 이러한 폭력적인 언행으로 인해 스트레스를 받아서 내원하시는 분들도 있다. 그런데 더욱 안타까운 현실은, 그런 사람들이 결국 자신의 뜻대로 사람과 상황을 끌고 가는 경우가 많다는 점이다.

분노하는 사람과 용납하는 사람

나르시시스트가 격렬한 분노를 지속적으로 하고 이를 통해 다른 사람을 조종할 수 있는 가장 큰 이유는, 주변 사람들이 그런 나르시시스트의 행동을 어느 정도 용납하기 때문이다. 다음 사례를 살펴보자.

올해 예순이 되는 나르시시스트 남편은 주기적으로 분노 발작을 한다. 화가 나면 상스러운 욕을 하고 아무 물건이나 잡히는 대로 던지는데 자녀들은 성인이 되어 출가하여 이 분노가 매번 아내에게만 그대로 노출된다. 남편은 본인의 화가 다 풀리고 나면 아내에게 이런 식으로 말한다.

"내가 요즘 너무 스트레스를 받아서 그랬어, 미안해. 그러니까 내가 그런 말투로 나한테 얘기하지 말랬잖아, 당신이 기억력이 안 좋아서 내가 몇 번이나 이야기한 걸 자꾸 잊어버리니까 화가 나서 그랬지."

남편은 변명 아닌 변명, 사과 아닌 사과를 한다. 그런데 이런 일에 익숙해진 아내는 이렇게 생각해버리고 남편의 분노를 두둔하고 넘어간다.

'그래, 워낙 성격이 불같아서 그렇지, 직장도 성실하게 다녔고 한눈도 안 팔았잖아, 내가 바보같이 남편이 싫어하는 행동을 자꾸 하는데 화를 낼 만도 하지.'

남편처럼 나르시시스트는 자신이 화를 내는 것이 정당하고 마치 상대방의 잘못으로 인해 자신이 분노할 수밖에 없다는 식으로 상황을 몰아가는 데 능숙하다. 나르시시스트에게 내가 인지하고 있는 현실적인 상황이나 느끼고 있는 감정이 마치 사실이 아닌 것처럼 혼란을 야기하는 가스라이팅gaslighting을 당한 상대방은 또다시 '나의 부족한 점들 때문에 저 사람이 나한테 화를 내는 것이 마땅해'라면서 스스로를 가스라이팅하는 경우도 많다. 이러한 행동의 반복이 나르시시스트가 분노와 폭력적인 행동을 정당화하고 지속하는 빌미가 되어주는 것이다. 그러나 그것은 결코 상대방 탓이 아니며 설령 그렇더라도 폭력이 용납될 수 있는 상황이란 존재하지 않는다.

여러 감정을 오직 분노로

우리에게는 서글픔, 섭섭함, 후회 등의 아픔을 느끼게 하는 다양한 감정들이 존재하고, 이 감정들은 당사자의 마음을 불편하게 한다. 이때 정서적으로 건강한 사람은 힘들어도 자신이 어떠한 감정을 경험하고 있음을 충분히 인지하며, 왜 이런 감정을 느끼게 되었는지 고민도 하고, 어느 정도 이를 감내하며 소화하는 시간을 갖는다. 반면에 나르시시스트는 이 불편한 정서를 감내할 수 없다 보니 자신에게 이러한 감정을 느끼도록 한 상대를 향한 분노감으로 변형시켜서 토해낸다. 즉, 자신의 감정을 인식하고 다루는 데 매우 서투른 나르시시스트는 많은 종류의 부정적인 감정을 결국 분노의 형태로 내보내는 것이다.

또한 나르시시스트는 특정 상황이 자신이 원하는 대로 흘러가지 않는 것을 못 견뎌 한다. 우리는 살면서 모든 것을 자신의 뜻대로 할 수는 없다는 사실을 깨달으면서 점차 성숙해진다. 그런데 나르시시스트는 이를 받아들이지 못한다. 어린아이들이 자기 뜻대로 되지 않으면 울면서 뒤로 넘어가며 떼를 쓰듯이 나르시시스트도 자신의 뜻대로 상황이 흘러가지 않고 상대가 움직여 주지 않으면 분노하며 난폭한 떼를 부리는 것이다. 별문제가 아닌 일로도 분노하는 나르시시스트는 상대방과 심각한 갈등이 생기거나 본인이 매우 스트레스를 받는 상황에서는 고의적인 해코지를 할 수도 있다.

바운더리를 함부로 넘는 사람들

S는 결혼 후 줄곧 남편과의 갈등으로 힘들어했다. 워낙 자기 얘기를 잘 하지 않던 터라 친구들도 남편이나 둘의 관계에 대해 물어보는 것을 더 조심스러워했다. 그런데 어느 날 한 모임에서 오랜만에 나타난 N이 갑자기 S에게 이렇게 말하는 것이다.

"너 요즘 남편이랑 사이 되게 안 좋아 보이던데, 애도 없는데 아니다 싶으면 얼른 이혼해."

S가 먼저 남편 이야기를 꺼내지도 조언을 구하지도 않았는데 말이다. S는 물론 함께 모인 친구들도 당혹감을 감추지 못했다. 또 다른 친구 A는 남편의 직장 때문에 해외에서 2년 정도 거주

하게 되었는데, 그 지역 집값이 매우 비싼 터라 침실 하나만 있는 작은 집을 얻어 생활했다. 어느 날 그 지역에 출장차 온 N이 겸사겸사하여 그곳에서 휴가를 보낼 계획을 세웠다. 그런데 N이 자신은 호텔이 불편하다며 A네 집에서 일주일만 지내면 안 되겠느냐고 물어왔다. A는 방이 하나밖에 없다며 정중하게 거절했지만 N은 소파에서 자도 괜찮다며 막무가내로 부탁했다. 차마 끝까지 거절하지 못한 A는 일주일간 그 작은 집에서 N과 함께 생활해야 했다. 그동안 A는 물론 그의 남편은 거실에서 자고 있는 N 때문에 화장실에 갈 때나 주방에 갈 때 등 늘 조심조심 다녀야 했다. A는 자신과 남편의 둘만의 사적 공간을 N이 침범하는 느낌이 들었다.

우리에게는 모두 심리적 바운더리가 있다. 바운더리는 스스로의 진실된 정체성을 온전히 지킬 수 있도록 형성한 심리적인 경계로, 이를 다른 사람이 함부로 넘나들 경우 불편함과 불쾌감을 느끼기 마련이다. 그런데 앞의 사례처럼 우리 주변에는 자꾸 우리의 심기를 건드리며 선 넘는 행동을 하는 사람들이 많다. 그들은 왜 이렇게 함부로 타인의 바운더리 안으로 들어오고자 하는 것일까?

첫 번째, 그들은 자신이 다른 사람들보다 우월하다는 과대 사고와 자신은 아무렇게나 행동해도 된다는 특권 의식을 지니고 있다. 그렇기에 다른 사람들은 조심하며 지키는 타인의 바운더리를 자신은 지키지 않아도 된다고 생각하는 것이다.

두 번째는 자신의 힘을 과시하고 싶기 때문이다. 자신이 하는 말과 행동이 타인을 불편하게 하더라도 상대방은 그것을 받아들여야 한다는 식으로 자신의 힘을 과시하는 것이다.

마지막으로 나르시시스트는 충동 조절이 잘 되지 않는 특성을 지니고 있어 자신이 하고 싶은 말이나 행동이 있으면 참지 못한다. 상대방이 불편하든 말든 자신이 하고 싶기에 그냥 선을 넘는 것이다.

이러한 특성이 합쳐져 나르시시스트는 다른 사람과 마땅히 지켜야 할 거리 조절을 하지 못하며 다른 이의 바운더리에 대한 존중이 없다.

내 영역을 지킬 권리

앞의 사례에서 친구 A는 왜 끝까지 N의 무리한 요청을 거절하지 못한 것일까? 누구에게나 자신만의 바운더리는 꼭 필요하다. 하지만 어렸을 때부터 가정에서 또는 학교나 사회에서 자신만의 바운더리에 대한 존중이 없는 환경, 즉 자율성이 존중되지 않고 강압적인 분위기에 익숙한 경우에는 자기만의 영역이 자신에게 반드시 필요하고, 자신이 그것을 마땅히 가지고 지킬 권리가 있다는 사실을 깨닫지 못할 수 있다.

또한 많은 경우 우리가 상대로 하여금 나의 바운더리를 침범하게 놓아두는 이유는, 내가 만약 선을 그으면 상대가 어떻게 느낄지 염려가 되고 또 미안한 마음이 들어서다. 누군가 무리한 부탁을 했을 때 거절하지 못하고, 관심도 없는 본인의 삶에 대해 늘어놓거나, 말하고 싶지 않은 나의 사적인 이야기에 대해 캐물을 때에 이에 대해 분명한 의사 표현을 말하지 못하는 것도 이러한 이유 때문이다.

사랑이라는 명목하에 나의 사생활이나 자율권을 존중하지 않고 내 바운더리를 마구 넘나드는 연인이나 부모에게 단호하게 이야기하지 못하는 것 역시 선을 그었을 때 상대가 느낄 거절감에 대한 미안함 때문이다. 게다가 수시로 선을 넘는 사람들은 우리가 자신만의 바운더리를 지키고자 할 때 "너 참 이기적이다", "네가 어떻게 나한테 그래?"라고 상대를 비난하며 마치 내가 잘못하고 있는 것처럼 말한다.

하지만 반드시 인지해야 하는 사실은 이것은 그의 문제이지 결코 나의 문제가 아니라는 것이다. 나는 당연한 나의 권리인 나만의 영역을 지키려는 것이다. 오히려 개인적인 영역에 대한 인식이나 배려가 없는 상대가 나에게 미안해야 하는 것이다.

복수의 화신이 불러오는 나비 효과

한 번쯤 자신에게 부당한 일을 하는 사람에게 복수하고 싶다는 마음이 들었던 적이 있을 것이다. 그러나 그렇다고 해서 실제로 복수를 강행하는 경우는 많지 않다. 하지만 나르시시스트는 누군가 자신에게 피해를 끼친다면 목숨을 걸고 복수를 강행하는 경우가 많다. 이 복수의 화신, 나르시시스트를 우리가 경계해야 하는 이유이다.

나르시시스트는 공감 능력이 부족하여 타인의 감정을 세심하게 알아차리는 경우가 드문데, 유일하게 예민하게 감지하는 경우가 바로 자신과 관련된 상대방의 감정 및 행동의 변화이다. 그 정도가 지나칠 때에는 편집증적인 모습으로까지 나타날 수 있다. 이럴 경우 남들은 별로 신경 쓰지 않는 상대의 말이나 행동도 나르시시스트는 지나치게 과장해서 받아들일 수 있다. 또 상대는 별 의도 없이 그냥 한 말과 행동을 왜곡하여 자신에 대한 공격으로 받아들이고 복수의 칼날을 가는 경우도 많다. 이때 복수를 당하는 사람은 영문도 모르고 복수를 당하는 것이다.

예를 들어, 직장에서 다 같이 점심 식사를 하는 중에, 배가 고파서 음식을 너무 빨리 먹는 나르시시스트에게 누군가가 "배가 많이 고팠나 봐요, 집에서 아침 식사를 못 하고 나오셨나 보다"라고 얘기했다고 가정해보자. 보통 사람들은 "네, 아침에는 식사할 여유가 없어요" 하고 넘기는 상황을 나르시시스트는 이렇게 받아들일 수 있다.

'저 사람이 사람들 앞에서 내 이미지를 깎아내리려고 저런 말을 하는구나. 내가 집에서 제대로 대접받지 못하는 가장이라고 생각하게 말이야. 내가 가만두나 봐라.'

그러면서 복수할 기회를 호시탐탐 노리다가 결국에는 그를 다른 사람들 앞에서 창피를 주는 한마디를 꼭 하고야 만다.

트집 잡기의 선수

비슷한 맥락에서 나르시시스트는 본인은 하고 싶은 말도 다 하고 적대적인 표정과 말투로 상대방을 대할 때가 많은 반면, 조금이라도 상대방의 어조나 어투에서 자신을 무시하는 듯한 뉘앙스가 느껴지면 못 견뎌 한다. 물론 말투뿐만 아니라 상대방이 말하는 내용에도 상당히 예민하다. 아무리 상냥하게 얘기한다고 하더라도 자신의 행동을 조금이라도 지적하는 내용은 기분 나빠할 것이다.

나르시시스트들이 워낙 자신을 향한 비판에 과하게 반응하다 보니, 주변 사람들은 되도록 그의 비위를 건드리는 얘기를 하지 않으려고 조심하게 된다. 하지만 상대방도 사람인지라 말투에 상대에게 평소 느끼는 부정적인 감정이 실리는 경우가 있을 수밖에 없다. 나르시시스트와 오랜 시간을 함께 하다 보면 반복적으로 보이는 부적절한 언행으로 인해 그에게 좋지 않은 평가나 감정을 갖게 되는 경우가 많기 때문이다.

그런데 나르시시스트는 본인에 대한 냉소적인 태도나 비판은 아무리 미세하더라도 귀신같이 감지한다. 또는 상대가 자신과 상관없는 다른 일로 기분이 좋지 않은 것을 알면서도, 본인에게 조금이라도 퉁명스럽게 대하면 "왜 이렇게 신경질적으로 나한테 얘기해? 말하는 태도가 너무 기분 나쁘잖아"라며 자기를 비난하고 무시한다고 받아들인다.

그렇다면 나르시시스트는 왜 이렇게 상대의 말투와 목소리에 예민한 것인가? 나르시시스트는 누군가가 자신을 비난하는 것은 아닌지, 조롱하는 것은 아닌지 끊임없이 주위를 살핀다. 그 이유는 그들에게는 모든 사람들이 자신을 공격해올 대상이라고 마음속에 각인

되어 있기 때문이다. 심지어는 자기와 가장 가까운 애인이나 가족도 그렇게 각인되어 있다. 그래서 상대방이 진심 어린 태도로 자신에게 찬사를 표현하지 않는 이상 그것을 자신에 대한 비난으로 받아들일 준비가 되어 있다. 즉, 항상 전투 태세를 취하고 있는 것이다.

예를 들어 최근 힘들어 보이는 나르시시스트에게 측은하고 안쓰러운 마음으로, "요즘 들어 너무 지쳐 보이네, 육아와 직장 병행하는 게 정말 쉽지 않지?"라고 얘기하면, 나르시시스트는 "지금 나한테 충분히 좋은 엄마 역할을 못하고 있다는 얘기야?"라고 반응할 수 있다. 그래서 나르시시스트 주변의 가까운 사람들은 늘 자신이 하는 말이나 행동을 조심하게 된다.

가족을 포함하여 열 명을 고소한 이유

말 한마디도 그냥 지나치지 않고 복수를 강행하는 사람인데, 정말 중요한 관계 안에서 자신에게 피해를 줬거나 상처를 준 경우 나르시시스트는 무서운 복수를 시도할 수도 있다. 또한 이들은 보통 사람들이 봤을 때는 별일도 아닌데 툭하면 고소를 하겠다고 큰소리를 친다. 객관적인 입장에서 살펴봤을 때 전혀 상대방의 잘못이 없는데도, 위협을 가하려고 법적 대응을 운운하며 설레발을 치는 것이다. 이러한 협박이 상대에게 먹히지 않으면 실제로 고소를 진행하기도 한다. 경제적인 여유가 있다면 변호사를 대동해서 상대에게 겁을 주는 경우도 흔하다.

나르시시스트 본인도 자신의 행동이 터무니없다는 것을 인지할 때도 있지만 어떤 경우에는 왜곡된 정의감에 불타올라서 이런 행동을 보이기도 한다. 본인이 이득을 보지 못하거나 조금이라도 피해를 보는 상황은, 아무리 객관적으로 옳은 상황이더라도 나르시시스트 본인에게는 정당하지 않은 상황이기 때문이다. 따라서 보통 사람들은 선뜻 진행하지 않는 법적 고소를 이들은 왜곡된 정의감에 불타서 자신의 모든 시간과 돈과 에너지를 사용하여 끝까지 강행하는 경우도 많다.

나는 한 나르시시스트가 본인의 부모 형제를 포함해서 열 명을 한꺼번에 고소하는 상황도 본 적이 있다. 많은 사람이 나르시시스트에게 피해를 크게 보면서도 그 상황을 그냥 덮어두려고 하는 이유가 바로 그들을 섣불리 건드렸다가 올 후폭풍, 즉 걷잡을 수 없는 보복이 두렵기 때문이다.

왜곡된 심리와 나비 효과

그렇다면 자신이 남들에게 크나큰 피해를 줄 때는 전혀 아랑곳하지 않던 나르시시스트가, 누군가가 자신에게 솜방망이 같은 피해만 입혀도 복수를 부르짖는 왜곡된 심리는 무엇일까?

나르시시스트는 불안정한 자존감으로 인해 외부에 비춰지는 자신의 이미지가 무척 중요하다. 외적으로 보이는 자신의 이미지가 내적 자존감을 좌지우지하기 때문이다. 따라서 자신이 보기에 조금이라도 자신의 이미지에 손상을 주는 행위는 크나큰 공격으로 받아들인다. 자신을 향한 가벼운 농담이나, 자신의 일에 방해가 되는 사소한 행동, 자신을 조금이라도 깎아내리는 언행은 나르시시스트에게는 자존감의 근간을 뒤흔드는 큰 위협으로 느껴질 수 있다.

아주 작은 외부 자극으로도 무능감이 쉽게 건드려지다 보니 수치심도 쉽게 확 올라온다. 그리고 수치심은 결국 분노감으로 이어진다. 그래서 만약 자신으로 하여금 수치심을 크게 느끼게 하는 외부 자극, 즉 자신이 정말 잘못한 부분에 대해 누군가가 공개적으로 지적이라도 하면, 나르시시스트가 느끼는 분노감은 엄청나게 폭발적이다. 그리고 이는 상대에게로 향해 복수의 화신이 되게 한다.

이건 이 사람 탓, 저건 저 사람 탓

우리 주변에는 자신이 어떠한 실수를 하거나 진행하던 일이 잘못되었을 때 꼭 다른 사람 탓을 하는 사람이 있다. 그들의 남 탓하기는 '투사'라는 무의식적 방어기제로부터 기인한다. 방어기제란 자신을 극심히 불편하게 만드는 욕구나 갈등이 드러남으로써 생기는 불안 감으로부터 자신을 보호하는 심리적 기능이며, 투사는 자신이 용납할 수 없는 생각이나 충동을 마치 다른 사람이 지니고 있는 것인 양 여김으로써, 자신은 그렇지 않다고 받아들이는 것이다. 우리는 누구나 저마다의 방어기제를 지니고 있으며, 특히 투사는 모든 사람이 다 사용한다.

나르시시스트의 투사

그런데 정상적인 범위의 투사와 나르시시스트가 사용하는 투사에는 차이가 있다. 나르시시스트는 투사를 보통 사람보다 부적절하게, 그리고 과하게 사용한다. 나르시시스트를 배우자로 둔 내담자들이 진료실에서 종종 이러한 억울함을 호소한다. 자신은 그런 모습을 보인 적이 없는데, 배우자가 아무런 근거도 없이 이렇게 추궁한다는 것이다.

"당신 지금 나한테 화가 나 있어 쌀쌀맞게 행동하는 거야? 요즘 거짓말을 한다는 느낌이 강하게 들어. 자꾸 나를 옥죄고 조종하려고 들지 마."

이런 경우 나르시시스트는 자신의 공격성과 상대를 조종하고자 하는 욕구를 상대에게 투사하는 것이다. 외도를 하고 있거나 하고 싶은 나르시시스트는 배우자가 오히려 외도를 하고 있다고 의심할 수 있다. 나르시시스트가 종종 자신을 전혀 부러워하거나 경쟁상대로 바라보지 않는 상대가 자신을 질투한다고 여기는 이유도, 자신의 질투를 상대에게 투사하기 때문이다. 직장 상사가 회식 중에 멀쩡한 자신에게 "술 마시니깐 좀 흐트러지는 것 같아, 상대방이 오해하지 않게 잘 처신해야겠어"라고 한다면, 그가 자신의 흑심을 내게 투사하고 있을 확률이 높다.

나르시시스트가 이렇게 자신의 창피한 생각, 잘못된 행동을 마치 다른 사람의 문제인 것처럼 투사하는 이유는 자신에게 결함이 있다는 사실을 받아들이지 못하기 때문이다. 그들이 자신의 잘못과 부족한 부분을 인정하는 순간, 내면에서 무능감과 자격지심이 자극되면서 스스로 감당할 수 없는 부정적 감정들이 마구 소용돌이친다. 그런데 이들은 이를 감내할 만큼 내적으로 성숙하고 건강하지 않다. 그렇기에 무의식에서 부정적인 감정이 생길 만한 상황을 조금이라도 감지하면 '이건 내 문제가 아닌 저 사람 문제', 이렇게 투사를 통해 본인의 잘못을 상대에게 바로 넘겨 버려서 그 상황을 모면하는 것이다.

알면서 그러는 거야,
아니면 진짜 모르는 거야

나르시시스트에게 반복적으로 상처를 받는 사람들은 그가 나에게 의도적으로 상처를 주는 것인지, 아니면 자신도 모르게 상처되는 말과 행동을 하는 것인지 궁금해한다. 사람들이 이를 궁금해하는 이유는 아마도 의도적이지 않은 경우라면 이해해줄 여지가 조금은 더 있다고 생각하기 때문이다. 법적으로도 과실 치사와 살인이 구분되는 것처럼, 아무래도 의도 없이 한 나쁜 행위는 의도를 지니고 한 나쁜 행위와 그 정도의 차이가 있다.

나르시시스트는 누군가가 본인에게 실수를 했다거나 자신을 충분히 대우해주지 않았다고 느낄 때는 확실한 의도를 지니고 상처를

주기도 하지만, 또 다른 경우에는 분명한 의도 없이 상처를 주기도
한다.

상처 주는 사람의 의도

우리는 허점투성인 인간이기에, 누구나 실수를 할 수 있다. 그러나
누군가 같은 실수를 반복적으로 한다고 가정해보자. 다른 이에게
상처를 줄 의도는 없다고 하는데, 매번 똑같이 상대의 마음을 후벼
파는 상처를 반복적으로 주는 행동을, 과연 의도성 여부가 분명하
지 않다고 그냥 넘길 수 있을까?

의도가 있건 없건 나르시시스트가 상대에게 상처를 주는 행위를
반복하는 이유는, 자신이 누군가에게 상처를 줬다는 것 자체를 신
경 쓰지 않기 때문이다. 상대의 고통에 공감하지 않고 죄책감도 잘
느끼지 않으니 상대가 자신으로 인해 어떤 심정인지 신경 쓸 필요
조차 느끼지 못하는 것이다. 따라서 나르시시스트에게 반복적으로
상처를 받는 상황이라면 그에게 의도가 있는 것인지 없는 것인지는
사실 그렇게 중요하지 않다. 중요한 것은 그가 매번 내가 아파하는
것을 보면서도 반복적으로 상처를 주고 있다는 사실이며, 그런 상
황으로부터 내가 나 자신을 보호해야 한다는 것이다.

"우리 둘째 사위가 말이에요"

두 자매가 있었다. 나르시시스트 엄마는 어렸을 때부터 여동생을 차별적으로 예뻐하였고, 언니인 K는 늘 소외당하고 구박을 받았다. K가 먼저 결혼을 했는데 남편의 학벌, 직업, 배경, 경제적 여유가 엄마의 기준에 미치지 못해 엄마는 결혼을 반대했었다. 그리고 얼마 전 동생이 결혼을 했는데, 동생의 남편은 학벌도 좋고 집안도 부유했다. 동생의 결혼식 날 식장에서 K의 시부모와 여동생의 시부모가 처음 인사를 나누게 되었다. K의 엄마는 K의 시부모에게 둘째 사위를 이렇게 소개했다.

"사돈어른, 우리 집안 좋고 학벌도 좋은 둘째 사위예요."

K는 순간 당황스러웠으며, 시부모의 얼굴은 굳어졌다. 결혼식 이후 K는 엄마를 찾아가서 따졌다.

"엄마, 우리 남편이 엄마한테 얼마나 잘하는데 어떻게 부모님들 다 계시는 자리에서 둘째 사위와 대놓고 비교하면서 그렇게 무시할 수 있어?"

그런데 돌아오는 대답이 충격적이었다.

"내가 그렇게 얘기했다고? 내가 일부러 그랬니? 난 그런 말 한 기억이 없지만 그렇게 말했다고 해도 뭐가 잘못된 거니? 솔직히 맞잖아. 그 얘기 듣고 사위가 속상해했다니? 무슨 남자가 그렇게 속이 좁니, 그럴 거면 어렸을 때 공부 열심히 하지 그랬니."

엄마는 사위와 사돈에게 큰 상처를 주고도 자신이 그런 행동을 한 것을 기억조차 못하고 있었다. 그리고 K에게 미안해하기는커녕, 남편이 속이 좁고 학창 시절 공부를 못한 것이 문제라는 황당한 반응을 보였다. K의 엄마는 일부러 그렇게 말했으면서 거짓말을 하는 것일까? 아니면 정말 아무 의도가 없었던 것일까?

이 엄마의 경우 아마도 두 가지가 혼재되어 있을 가능성이 높다. 첫째 딸 K가 본인의 성에 안 차는 사람과 결혼한다고 했을 때, 나르시시스트 엄마는 분노감을 느꼈을 것이다. 주변 사람들이 사위에 대해서 이것저것 물어봤을 때, 자랑은커녕 창피하다고 느꼈을 것이기 때문이다. 그러다 보니 자신으로 하여금 부정적인 감정을 느끼게 한 첫째 사위와 그 사돈어른들이 미웠으며, 이에 은근히 복수하고 싶은 마음이 한켠에 자리 잡고 있었을지도 모른다. 그래서 둘째 딸 결혼식에서 다 같이 모인 자리가 생겼을 때, 첫째 사위와 사돈에게 복수할 좋은 기회라고 의식적으로 (또는 무의식적으로) 느꼈을 것이다. 그러나 이 행동을 백 퍼센트 의도성이 있는 행위로 보기는 어렵다. 자신이 하고 싶은 말은 상대가 어떻게 느끼든 상관없이 해도 된다는 나르시시스트의 특권 의식으로 인한 부분일 수 있기 때문이다.

결론적으로 K의 엄마는 자신이 딸, 사위, 사돈에게 얼마나 큰 잘못을 한 것인지 대해 인지가 부족한 사람이다. 사람을 조건만으로 판단하는 것, 딸의 결혼을 자신을 빛내주는 수단으로만 생각하는 것, 딸을 사랑해주는 사위에게 고마워하기는커녕 자신의 치부라고 생각하는 것 모두 정상적인 사고방식이 아니지만, 자신이 얼마나 상대에게 큰 상처를 주며 잘못을 하고 있는지 인지를 못하는 것 자체가 더욱 근본적인 문제이다.

네가 아픈 게 왜 내 책임이야?

나르시시스트는 자신의 잘못에 대한 인지가 없으니 당연히 책임도 지지 않으려고 한다. 특정 잘못을 한 사람이 그에 대한 책임을 지지 않으려 하고, 한발 더 나아가 자신의 잘못에 대해 인정조차 하지 않으면, 잘못 자체보다 이후 책임을 회피하는 모습에 더 분노가 솟는다. 누가 봐도 자신에게 책임이 명백한 상황에서 그들은 왜 이를 회피하는 것일까?

먼저 자신의 잘못에 대한 인식 자체를 하지 않기 때문이다. 나르시시스트는 자신의 무능감이 자극되는 상황을 피하기 위해 자신의 실수를 돌아보는 행동 자체를 하지 않는 것이다.

두 번째 이유는 그들의 공감 능력 때문이다. 우리는 자신의 행동이 얼마나 큰 결과를 초래했는지 대한 인식이 생겨야 그 행동의 본질을 더 잘 파악할 수 있다. 상대에게 피해나 상처를 주는 경우도 마찬가지다. 그런데 공감 능력이 부족한 나르시시스트는 자신의 잘못된 행동으로 인해 상대에게 얼마나 큰 아픔을 주었는지도 공감하지 않는다. 상대의 고통이 인지가 되지 않기에 자기 행동의 본질이 파악되지 않는 것이고, 이에 자신의 행동이 얼마나 잘못된 것인지에 대한 인지 또한 되지 않는 것이다.

따라서 남들이 아무리 "네가 잘못했으니 책임을 져!" 해도 "내가 무슨 잘못을 해?" 이런 식으로 나오니 책임을 논하는 단계까지 나아가지도 못한다. 자신이 남에게 상처를 줬는지 안 줬는지에 대한 인식조차 없으니, '책임'이라는 개념 자체가 형성이 안 되는 것이다. 그렇기 때문에 나르시시스트가 책임 회피를 하는 상황에서 당사자를 아무리 직면시키고, 책임지라고 요구해도 소용없을 가능성이 높다.

우월감과 열등감 사이의 질투심

누구나 자신이 원하는 것을 다른 사람, 특히 가까이에 있는 사람이 가지고 있을 때, 부러움이 동반된 '질투envy'라는 감정을 느낀다. 이는 살다 보면 느끼게 되는 아주 자연스러운 감정 가운데 하나이다. 그런데 이 질투가 정도를 넘어서서 질투를 느끼는 상대에게 불쾌감이나 실질적인 피해를 준다면 이는 분명 위험한 감정일 수 있다.

나르시시스트는 주변의 대상에게 실질적인 가해 행위가 동반될 수 있는 강렬한 질투심을 느낀다. 친구를 향한 왜곡되고 과한 질투심으로 상대의 애인을 고의적으로 유혹해 빼앗고 그의 삶을 망가뜨려 버리는 이야기를 영화나 드라마에서 본 적이 있을 것이다. 이러한 질투는 의식적인 측면도 있고 무의식적인 측면도 있으며, 특성상 어쩌다가 한 번이 아니라 반복적으로 질투심을 느끼며, 질투의 대상도 한 사람이 아닌 여러 명이다.

뒤틀린 마음으로부터

나르시시스트가 느끼는 위험한 질투심은 그들의 뒤틀린 심리에 기인한다. 나르시시스트의 질투는 증오의 한 형태이다. 증오는 위험하거나 위협적이거나 고통을 초래하는 대상을 파괴시키고자 하는 욕망이다. 그런데 질투는 증오의 한 형태이지만 특수하다. 그 이유는 증오가 나쁜 대상을 파괴하고자 하는 욕구라면 질투는 좋은 대상, 즉 내가 선망하고 소유하고 싶지만 가질 수 없는 대상을 향한 감정이기 때문이다. 나르시시스트는 자신에게는 없으나 자신이 소유하고 싶은 무언가를 지니고 있는 대상에게 상당한 공격성을 느끼는 것이다.

　나르시시스트가 자신이 질투하는 사람을 꼭 깎아내리는 것만은 아니다. 오히려 질투의 대상이 신적인 존재인 것처럼 지나치게 치켜세우기도 한다. "내가 저 사람 발꿈치만 따라가도 다행이지" 등의 표현을 사용하면서 말이다. 그러나 이러한 상대를 이상화하는 행위도 대상을 향한 자신의 공격성을 감추는 행동으로 볼 수 있다. 상대가 지닌 많은 것들이 질투가 나는데 자신이 따라갈 수 없는 수준이다 보니, 아예 대상을 비교 불가능한 사람으로 만들어 자신의 질투심을 잠재우려는 시도일 수 있다. 하지만 이상화는 오래 가지 않고 금세 무너져 내린다. 결국에는 흠모하는 대상에 대한 증오 섞인 질투가 취약한 이상화의 저변에 깔려 있기 때문이다.

또 한 가지 주목할 부분은 나르시시스트는 다른 사람들이 자신을 질투한다고 믿는 경향이 있다는 것이다. 그들은 자신의 질투를 상대에게 투사하여 상대방이 자신을 질투한다고 믿는 것이다. 그 이면에는 다른 사람들이 자신을 부러워해주길 바라는 욕구가 짙게 깔려 있기도 하다. 그래서 자신이 생각하기에 남들에게 부러움을 불러일으킬 만한 선택을 많이 한다. 예를 들어, 현재 재정 상황은 무시한 채 고가의 물건을 구입하거나 많은 비용이 드는 해외여행을 떠나거나 심지어 좋은 조건만 보고 사랑 없는 결혼을 할 수도 있다.

암에 걸렸다는 사람에게

애인이 바람을 피워 헤어졌는데, 얼마 후 그의 새로운 애인이 바람을 피워 그와 헤어졌다는 소식을 들었다면 당신은 기분이 어떠하겠는가. 또는 평소에 잘난 척이 심하고 주위 사람을 무시하던 친구가 자신은 무조건 취업에 붙는다고 호언장담을 하다가 면접에서 떨어졌다는 소식을 들었다면? 이러한 상황에서는 누구나 쌤통이라고 생각할 수 있다. 그런데 자신과 전혀 상관없는 사람 또는 자신과 평소에 잘 지내던 사람이, 애인이 바람을 피워 헤어졌다면 어떠할까? 또는 중요한 시험에서 떨어졌다면? 이러한 경우에는 고소하다는 감정이 들지는 않을 것이다. 하지만 나르시시스트는 상대가 누가 됐든, 관계가 어떠하든 간에 상대에게 좋지 않은 일이 일어나면 그것을 즐길 수 있다. 특히 자신이 평소 갖고 싶었던 것들 즉, 경제적 능력이나 출중한 외모, 행복한 가족, 좋은 집 등을 가진 사람들에게는 더 그럴 수 있다.

보통 사람들은 상대가 큰 사고를 당하거나 말기 암 등 생명을 위협하는 질병에 걸렸거나 그의 가족이 아픈 상황에서는, 아무리 평소에 좋아하지 않던 사람이라고 해도 마음이 무겁기 마련이다. 하지만 나르시시스트는 다를 수 있다.

나의 친구 한 명은 직장에서 줄곧 나르시시스트 상사로부터 아래 사람을 보호해주는 역할을 해왔다. 상사가 부당한 요청을 하면 부드럽지만 단호하게 그 상황을 해결해오며 상사가 부서를 마음대로 좌지우지하지 못하게 막았다. 그래서 평소 상사에게는 눈엣가시였고 아래 사람들에게는 든든한 존재였다. 그런데 어느 날 그에게 암 진단이 내려졌다. 많은 직장 동료들이 진심으로 안타까워하며 그를 위로하고 격려했다. 그렇다면 그 상사는 어떠했을까?

"내가 암 진단을 받은 직후, 그 상사가 내가 직장에서 오래 못 버

틸 거라고 좋아했대…"

친구가 들려준 이야기이다. 아무리 서로 견제하는 사이라고 해도 10년 이상 함께 근무한 사람이 암에 걸렸다고 좋아하다니, 놀라지 않을 수 없었다.

이처럼 누군가가 내 불행을 즐긴다는 것도 큰 상처이지만, 가까운 사람이 나에게 정말 좋은 일이 생겼을 때 같이 기뻐해주지 않는 것도 상처가 될 수 있다. 스스로 괜찮은 사람이라는 자존감을 형성하기 힘든 그들은 누군가가 힘든 상황에 처하면 상대적으로 자신의 상황이 우월한 것처럼 느끼고, 누군가에게 좋은 일이 생기면 열등감이 자극된다. 또한 자신이 개인적으로 불행한 경험을 했으면, '내가 이만큼 힘든 일이 있었으니 남들도 이만큼 힘들어야 해'라는 왜곡된 정의감도 지니고 있다. 이에 나르시시스트에게 '남의 불행은 나의 행복'이고 '남의 행복은 나의 불행'이기도 하다.

좋은 자리에서 꼭 분위기를 깨는 사람

그래서 만약 누군가에게 즐겁고 행복한 자리에 나르시시스트와 같이 있으면 주변 사람들이 피곤하다. 예를 들어 새 아파트로 이사한 친구가 집들이에 나르시시스트를 포함해서 친구들을 초대했다면, 그는 그 자리에서든 이후에든 그 집, 가구, 집들이 음식 등에 무슨 문제가 있었는지 끊임없이 트집을 잡는다. 또 정말 멋진 배우자와 결혼하는 친구의 결혼식에 간 나르시시스트는 그 양가 가족, 결혼식장, 신부의 웨딩드레스, 하객의 수 등 결혼식 전반에 걸쳐 트집을 잡는다. 또 누군가가 좋은 아이디어 혹은 아이템을 발표하는 회의 석상에 참여한 나르시시스트는, 발표자가 말하는 내내 못마땅한 표정으로 고개를 절레절레 흔들고, 말 한마디 한마디에 트집을 잡으며 그가 실수라도 하면 가장 크게 비웃는다. 나의 불행에 기뻐하고 나의 기쁨에 분노하는 이러한 나르시시스트가 곁에 있다면 그 정신적 고통이 얼마나 크겠는가.

누군가 잘되는 것에 불행을 느끼는 이들은 질투심을 넘어 상대가 성공하지 못하도록 끌어내리기도 한다. 이는 친구나 직장 동료뿐만 아니라 가족 관계 내에서도 일어나는 일이다. 이들이 상대를 끌어내리기 위해서 사용하는 특정 수법이 있다. 먼저 상대방이 자신의 능력에 대한 의구심을 품도록 상대를 부당하게 깎아내리고 비난한다. 또한 좋은 기회가 있어도 상대가 아예 시도조차 하지 못하도록 상황을 왜곡하여 전달한다. 상대에게 지속적으로 거짓 정보와 잘못된 의견을 주입하여 상대가 더 나은 선택을 하지 못하도록 조종하는 것이다. 결국 당하는 사람은 자신의 능력을 의심하게 되고, 미래를 위한 정말 좋은 기회를 나쁜 선택인 것처럼 인지하게 된다.

마이 웨이만 고집하는 미운 마흔 살

B기업의 마케팅 부서는 주요 광고주의 대규모 프로젝트를 진행하던 중 예상하지 못한 컴플레인이 발생하여 부서 전체가 곤란한 상황을 겪은 적이 있다. 평소 사람 좋기로 소문난 Y팀장은 이러한 상황을 알리며 당분간은 부서 전체가 이 컴플레인 고객들을 응대하는 데에만 집중해줄 것을 당부했다. 모든 팀원들은 상황을 인지하고 지시에 따라 업무를 진행했다. 그런데 뒤늦게 소식을 들은 C가 퉁명스러운 목소리로 이렇게 말하는 것이다.

"그건 제 업무 역할에 포함되어 있지 않은 일인데요?"

다른 동료들도 추가 업무를 하고 싶어서 하는 것이 아니고, 부서를 위해서 조금씩 희생하는 것인데, 그는 한 사람이 빠지면 그만큼 그 몫을 다른 사람이 해야 하는 것을 알면서도 팀장이 내린 업무를 거부했다.

직장 생활을 하다 보면 C처럼 조직 내에서 따라야만 하는 사항이나 모두에게 이득이 되는 행동을 자신이 조금 불편하다는 이유로 거부하는 사람들이 있다. 보통 사람들은 당연히 따라야 하는 지시사항이나 규율을 자신의 힘과 연관 짓지는 않는다. 하지만 나르시시스트는 자신이 누군가의 지시사항을 따른다는 느낌이 들면 자신의 힘이 약하다고 느낀다. 또 다른 사람들이 모두 준수하는 원칙이나 규율을 따르지 않으면 자신이 힘이 센 것이라고 착각한다. 정말 유아적인 사고방식이 아닐 수 없다. 네 살짜리 아이라면 그렇게 생각할 수 있지만 마흔 살이 그렇게 생각하다니 말이다.

또한 그들은 특권 의식이 있어서 일반적인 규범이나 규칙이 자신에게는 해당되지 않고, 자신은 마음대로 행동해도 된다고 생각한다. 자신은 다른 사람의 상황이나 감정을 아랑곳하지 않고 원하는 것을 요구하면서 누군가의 요청은 다른 사람에게 피해를 주더라도 자신이 하기 싫으면 하지 않는 것이다.

나르시시스트는 자신에게 득이 되는 상황인데도 반항적인 모습을 보이는 경우가 있다. 상대가 요청하는 사안이 실질적으로 자신에게도 이득이 되나, 요청에 응하는 것 자체가 자신이 상대에게 눌리는 기분이 들어 자신이 피해자가 된 것처럼 느끼기 때문이다.

건강한 자존감이 형성된 사람들은 누군가 자신이 인지하지 못한 부분을 일깨워주고 수정할 방법을 제시하면, 이를 건설적인 비판으로 받아들인다. 그러나 자존감이 불안정한 나르시시스트는 무능감이 자극되어 결국 반항적인 태도로 이어지는 것이다.

이러한 특성이 나르시시스트 본인에게는 더 편한 환경을 만들어줄 수도 있다. 직장에서 사람들은 '마이 웨이'로만 가는 나르시시스트와 부딪치고 싶지 않아서 그냥 하고 싶은 대로 내버려 두는 경우가 많기 때문이다. 그러니 자신의 이해관계를 챙기는 데 있어 아무런 장애물이 없는 나르시시스트는 일적으로는 승승장구할 수도 있는 것이다.

은밀하게, 피 말리게

나르시시스트는 대놓고 지시사항이나 요청에 응하지 않겠다고 표현하기도 하지만, 수동공격적으로 반응하는 경우도 많다. 즉 요청에 응하기는 하였으나, 일의 진행 과정을 지연시키거나 반복적으로 실수를 저지르고, 비효율적인 방법으로 일을 처리하는 것이다. 이렇게 간접적으로 은밀하게 지속되는 공격적인 행동은 겉으로 확연히 드러나지 않아서 주위 사람들은 이를 쉽게 알아차리지 못하는 반면, 공격을 당하는 당사자가 느끼는 불편함과 피해는 상당하다.

이러한 수동공격적인 특징이 강한 사람들은 불평불만이 잦아 비호감인 경우가 많으며, 이러한 영향으로 대인 관계도 원만하지 못하고 늘 화가 나 있는 경우가 많다. 이 화는 표면으로 드러나기보다 수면 아래에서 부글부글 끓고 있는 것이다. 그들은 자신의 무능감을 외부에 투사하여 '나는 너무 괜찮은 사람인데 주변 환경이나 사람들 때문에 내 역량을 펼치지 못한 채 피해를 보며 살고 있는 거야' 식의 근거 없는 믿음을 붙잡고 있다 보니, 본인은 영원한 피해자이고, 자신에게 피해를 주는 다른 사람들은 공격의 대상이 되는 것이다.

나르시시스트의 이러한 피해 의식조차 내면에 자리 잡고 있는 과대사고와 특권 의식에서 나오는 것이다. 자신이 원하는 위치에 도달하기 위해 필요한 노력도 하지 않은 채, 무슨 근거로 자신은 잘돼야 하는 사람이라고 여기는 것인가?

인스타그램 관계에서
머무르는 사람들

A와 J는 한 모임에서 알게 된 사이다. A는 자신과 직종도 같고 취향도 비슷해 보이는 J와 더 친해지고 싶은 마음에 둘만의 시간을 만들고 싶었다. 그런데 J는 여러 사람이 모이는 자리, 그중에도 소위 사회에서 잘나가는 사람들이 참석하는 자리만 선호했고, 핫플레이스나 유명한 식당에서 만나고 싶어 했다. 어쩌다 둘만 남겨진 경우에도 자신과 좀 더 깊이 있는 대화를 나누기보다는 주변 사람들 이야기나 가십거리를 늘어놓았으며, 대화보다는 사진을 찍거나 그것을 SNS에서 바로 포스팅하기에 바빴다. 그를 만나고 돌아오는 길 문득 생각해보니 오늘 나눈 대화

가운데 자신에 대한 이야기는 어디에도 없었다는 사실을 깨달았다.

우리는 누구나 어느 정도 외적인 요건을 중요시한다. 멋진 외모에 좋은 집에서 살며 좋은 학교와 직장에 다니고 싶어 하고, 유명한 관광지나 핫플레이스 등에서 찍은 사진을 지인과 공유하거나 SNS에 올리기도 한다. 그런데 나르시시스트가 외적인 요소를 중요시하는 정도는, 일반적인 수준을 넘어선 과도한 수준이다. 그들은 다른 사람을 대할 때도 오로지 외적인 잣대로만 평가한다. 또한 나르시시스트가 맺는 인간관계들은 깊이가 없고 피상적인 수준에만 머물러 있으며, 관계 안에서 깊이 있는 소통이 이루어지지 않기에 오래 지속되기도 힘들다.

나르시시스트가 이렇게 피상적으로만 관계를 맺는 이유는 다른 사람과 관계를 맺는 주된 목적이 자신의 자존감을 높이기 위해서이기 때문이다. 즉, 상대방을 향한 관심을 토대로 교감을 하고 싶어서 관계를 맺는 것이 아니라, 자신이 필요한 것을 공급받기 위해서 관계를 맺는 것이다. 그래서 자신을 돋보이게 할 외적인 조건들을 갖춘 대상을 선택하고, 자신의 필요가 충족되는 선에서만 얄팍하게 관계를 유지한다.

보이는 것에만 집착하는 이유

그렇다면 왜 그들은 보여지는 조건만을 그리도 중요하게 여기는 걸까? 그들은 어린 시절 자신이 충분히 사랑받을 자격이 부족한 사람이라는 인식과 정서적 교류의 결핍에서 오는 공허감을 외적인 조건으로 채우며 성장해 왔다. 자신이 외적 요건을 갖추고 있으면 정서적으로 메말라 있는 상태여도 아무 문제 없다는 식의 사고방식을 지녀온 것이다. 만약 사랑이나 공감, 유대감 등을 중요시할 경우, 자신에게는 그런 요소가 부재하기에 그만큼 더 결핍감을 경험할 수 있다. 따라서 그런 것보다 돈과 명예, 권력, 외적 아름다움이 훨씬 더 중요하다고 스스로 여기는 것이다. 또 당장 눈에 띄는 이러한 외적인 조건들이 자신의 과대성과 특권 의식을 유지하는 데에 유용하기 때문이다.

내적 풍요로움보다도 외적 요소가 점차 중요시되는 현상은 비단 나르시시스트의 문제만은 아니다. 사회문화 전반에 걸쳐 점점 더 외적인 요소를 강조하는 분위기로 흘러가고 있으며, SNS가 그런 사회의 흐름을 대변해주고 있다. 사회 전반에 걸쳐서 '나르시시스트적 문화'가 점차 더 강화되고 있는 것이다.

물론 앞서 언급하였듯이, 우리는 모두 어느 정도 외적인 요건을 중요시하고 또 그러할 필요성도 있다. 건강과 자기만족을 위해 외모를 가꾸는 것을 나쁘다고 볼 수는 없다. 하지만 더 아름다운 외모를 위해 성형외과나 피부과 수술 및 시술에 과하게 의존하고, 다이어트 약을 오남용하는 등 건강하지 않은 방법으로 살을 빼고, 사람들의 외모를 평가하고 무시하는 문화는 결코 건강하지 않다.

외모뿐만 아니라 어느 수준 이상의 경제적 여건을 갖추지 않으면 낙오자로 취급하는 문화도 우리 사회에 이미 만연해 있다. 한 개인에 대한 평가를 그 사람의 인격이 아닌 외적인 조건으로 판단하는 나르시시스트의 가치관에 우리도 모르게 물들고 있는 것은 아닌지, 항상 자신을 돌아보고 주의해야 한다.

돌아보면 나를 이용만 했다

나르시시스트는 주변 사람을 자신과 동등한 위치에서 서로 상호 교류하며 관계를 만들어 나가는 대상으로 보는 것이 아니라 자신의 목적을 위해 사용하는 도구로 보는 경향이 있다. 즉, 자신의 사회적 경제적 지위를 높이거나, 자신이 맡은 일을 대신 수행해주거나, 자신을 성적으로 만족시키는 등 자신을 어떤 방법으로든 충족시켜주는 존재로 바라보는 것이다.

하지만 상대가 바보가 아닌 이상 아무 이유 없이 손해만 보는 상황에 발을 들이지 않는다. 그렇기에 나르시시스트는 초반에는 이러한 상황이 상대에게 유리한 것처럼 분위기를 조성한다. 예를 들어 상대방의 능력을 인정하는 느낌을 주거나, 존재하지도 않는 큰 보상이 뒤따를 것처럼 헛된 희망을 심어주기도 한다. '당신이 더 부유해지고 좋은 자리를 차지하기 위해 이 일을 하는 것이다'라는 식의 사고가 자연스럽게 자리 잡도록 하는 것이다. 상황을 아주 교묘하게 끌고 가기에 당하는 상대가 처음에는 이를 눈치채거나 인지하지 못하는 경우가 많다.

최후의 카드

하지만 시간이 지날수록 자신에게 돌아오는 보상은 없고 힘은 드니 상대가 지치기 마련이다. 따라서 당사자가 어느 정도 이 상황을 인지하고 이로부터 벗어나려고 하면 나르시시스트는 자신의 최후의 카드를 꺼내 든다. 바로 자신이 그동안 파악해둔 상대의 '약점'이다. 그들은 상대의 취약한 점, 즉 상처나 자격지심, 죄책감 등의 약점을 공략하여 상대를 자신이 만든 착취 상황 안에 붙잡아 두려고 한다. 예를 들어, 나르시시스트 직장 상사는 인정과 승진을 중요시하는 부하 직원을 주시한다. 그런 다음 자신의 위치와 직원의 심리를 이용하여 일을 과도하게 시킨다. 그러는 중에 불만이 쌓인 직원이 이러한 착취 상황에서 벗어나려고 하면 그의 약점을 들먹인다.

"김 대리, 혼자서 딸 둘 키우는 거 힘들지? 혼자일수록 직장에서

성공해야 해. 딸들을 위해서라도 직장 생활이 힘들더라도 참고 견
뎌야지.”

당사자에게 상처인 이혼과 엄마로서의 죄책감을 이용해 자신에
게 착취당하는 부당한 상황에 붙잡아 두려는 것이다.

자신은 얻는 것 없이 나르시시스트에게 오랜 기간 착취를 당한
사람들은 이후 스스로가 멍청하게 느껴지고, 허무한 마음이 들어
괴롭다고 고백한다. 특히 오랜 기간 가깝게 지낸 사람에게 이러한
착취를 당하면 그 상처가 몇 배로 크다. 또한 나르시시스트가 자신
의 약점을 정확하게 꿰뚫고 있다는 사실은 큰 불안감을 준다. 더욱
이 그가 자신의 약점을 지속적으로 이용하여 자신을 조종한다면 말
이다.

서로에게 마음을 진솔하게 터놓는 관계가 형성되기 위해서는 함
께 하는 충분한 시간과 경험이 필요한 법이다. 그런데 나르시시스
트는 이러한 과정을 모두 무시한 채 만나자마자 상대의 바운더리
를 침범하려는 경우가 많다. 서로 잘 알지 못하는 관계 초반부터 상
대의 개인적인 이야기를 궁금해하고 비밀스러운 얘기를 공유하도
록 부추기는 것이다. 하지만 이는 친해지기 위함이 아니라 상대의
약점을 단기간에 파악하기 위해서이다. 우리는 모두 자신의 상처를
위로받고 싶은 욕구를 지니고 있기에 자칫 하다가는 그들의 술수에
넘어가게 된다.

수시로 부탁하면서 헌신은 없다

나르시시스트는 찬사와 환호를 지속적으로 제공해주는 외부 공급원인 나르시시스틱 서플라이narcissistic supply와, 자신의 결함을 투사하며 평가 절하하는 대상이 있어야만 자존감을 조절할 수 있다. 따라서 주변에서 이런 역할을 하는 사람들을 항상 필요로 하고 그들에게 의존한다.

그러나 나르시시스트는 자신이 가깝게 지내고 있는 대상에게 상당히 의존적인 상태라는 것을 철저하게 부인한다. 그들은 이런 행동이 자신이 상대방에게 의존하는 것이라고 생각하지 않으며, 그저 자신이 필요로 하는 것을 다른 사람들이 군말 없이 다 제공해주는 것이 당연하다고 여긴다.

또한 어떤 나르시시스트들은 다른 사람들에게 경제적으로 쉽게 의존하기도 하는데, 일할 능력이 있음에도 불구하고 다른 사람에게 완전하게 의존하며 돌봄을 받는 삶을 선택한다. 심지어 이러한 나르시시스트도 자신이 의존적이라고 여기지 않으며, 자신이 경제적인 활동을 하지 않는 삶을 선택한 것이고, 주변 사람은 이런 자신의 선택을 당연히 따라줘야 한다고 생각한다.

의존과 헌신

우리는 누군가에게 의존한다고 하면 부정적인 의미로 받아들이는 경우가 있다. 그러나 인간은 누구나 완벽할 수 없으며 어느 정도 누군가에게 의존하며 살아간다. 건강한 정서를 지닌 사람은 이러한 사실을 인정하고 수용한다. 특히 우리가 누군가를 사랑하고 신뢰할 때 심적으로 더 의존하게 되는데, 건강한 사람은 깊이 있는 관계를 위해 나도 상대에게 의지하고 상대도 나에게 의지할 수 있도록 관계를 이어 나간다.

하지만 이런 내적인 강건함이 부족한 나르시시스트들은, 자신은 혼자서 충분히 자급자족할 수 있다는 왜곡된 믿음을 붙든 채, 과대성과 우월감을 유지하려고 안간힘을 쓴다. 모든 인간관계를 상하

관계로 바라보는 나르시시스트에게 누군가에게 의존적이라는 것 자체가 자신이 우위에 있지 않다는 느낌을 준다. 나르시시스트는 자신이 하위에 있는 것처럼 느껴지는 상황이 감당되지 않기에 자신의 의존성을 부정해버리는 것이다.

나르시시스트가 여러 사람과 피상적인 관계만을 맺으려 하며, 이성 관계 안에서 한 사람에게 전념하지 못하고 잦은 외도를 하는 이유도 의존성과 관련이 있다. 나르시시스트는 특정 대상에게만 집중하며 헌신한다는 것은 곧 그 대상에게 의존적인 상태가 된다는 의미로 받아들이기 때문이다. 특정 직종이나 직장에 오래 머무는 것을 선호하지 않는 것도 비슷한 맥락에서 바라볼 수 있다.

나르시시스트에게 헌신이 어려운 또 다른 이유는 '이 사람 곁에 머무르다가 더 괜찮은 다른 사람을 놓치면 어떡하지?', '이 회사 때문에 더 좋은 회사를 못 가는 건 아닐까?'라는 생각으로, 항상 자신이 가진 것보다 가지지 않은 것이 더 좋아 보이고, 또 그것이 자신의 우월감을 더욱 세워줄 것이라는 생각에, 하나의 대상이나 상황에 만족하며 머물러 있는 것을 힘들어하기 때문이다. 즉, 나르시시스트에게는 자신의 과대성을 충족하는 것이 오랜 시간 특정 대상에게 헌신하며 맛보는 깊이감보다 훨씬 더 중요한 것이다.

그래서 주위 사람들이 이해하기 어려운 나르시시스트의 비상식적인 언행들을 보면 의존성의 부인과 관련된 경우가 많다. 자신의 의존성이 스스로에게 감지되는 순간, 이에 반하는 행동을 의식적으로 또는 무의식적으로 행하기 때문이다. 즉 들킬 때마다 다시는 그러지 않겠다고 용서를 빌다가도 또다시 외도를 하고, 상대에게 수시로 도움을 요청하면서도 그의 가치를 인정해주고 고마워하기는 커녕 상대를 하대하는 모습을 보이는 것이다.

그것은 사랑이 아니다

연인 사이에서 상대가 어디에서 누구와 무엇을 하고 있는지 수시로 확인하며 시도 때도 없이 영상통화를 요청하는 사람이 있다. 이 또한 나르시시스트가 보일 수 있는 특징인데, 그들은 상대 연인이 무엇을 입는지부터 인간관계는 어떠한지까지 상대의 모든 것을 통제하고자 하는 모습을 보인다. 나르시시스트는 배우자에게 경제적인 활동을 중단하도록 일부러 유도하는 경우가 많으며, 자신의 지시를 따르지 않을 때는 생활비를 줄이는 등 경제적인 수단을 자신의 무기로 사용하기도 한다. 심지어는 언어적, 신체적 폭력을 가함으로써 배우자에게 통제권을 행사하는 이들도 있다.

나르시시스트 부모는 성인이 된 자녀들의 선택과 결정을 경제적인 지원을 바탕으로 통제하려 들기도 하며, 나르시시스트 상사가 아래 직원이 업무를 진행하는 사소한 방법까지 간섭하고 통제하는 경우도 종종 볼 수 있다. 나르시시스트는 주변 사람은 물론, 자기가 원하는 대로 주변 물건을 반드시 배치해야 하는 등 주변 환경도 강박적으로 통제하려는 모습을 보인다.

당신을 통제하는 진짜 이유

우리는 나르시시스트가 본인의 이익을 위해 다른 사람을 통제하는 것이라고 생각한다. 그런데 꼭 그렇지만은 않다. 이해관계가 없더라도, 오히려 자신의 통제적인 행동으로 자신이 원하는 것을 얻지 못하는 상황임에도 불구하고, 나르시시스트가 상대에게 강압적인 통제를 행사하는 경우가 많다. 즉, 단순히 실질적인 이득을 얻기 위해서만이 아닌, 나르시시스트의 특정 왜곡된 심리들이 무의식적으로 이런 통제적인 행동을 자아내는 것이다.

나르시시스트는 내면의 불안정한 자존감에서부터 파생되는 불안감을 매우 불편하게 여기는데, 혼자서는 이를 잘 해결하지 못하기 때문에 외부로부터 그 해결 방법을 찾으려고 한다. 자존감을 끌어올리기 위해 주변에서 자신을 끊임없이 치켜세워 주는 나르시시스틱 서플라이가 필요하듯이, 자신에게 없는 내적 조절 능력을 보완하기 위해서 외부로부터 자신이 모든 상황을 통제하고 있다는 느낌을 받아야만 그나마 안정감을 찾는 것이다.

또한 본인 스스로는 잘 인식하지 못할 수 있으나, 나르시시스트는 홀로 남겨지는 것에 대한 두려움이 크다. 늘 누군가가 자신의 곁을 지키기를 원하는데, 본인도 자신이 정서적으로 깊이 있는 교감을 하지 못하는 것을 어느 정도 인지하고 있다. 따라서 가까운 상대가 정서적으로 건강한 경우 자신의 진짜 모습을 알게 되면 자신을 떠날 수도 있다는 것을 알고 있다. 그런데 더 안타까운 것은 그들은 돈이나 권력, 무력, 공포심 조성 등 수단과 방법을 가리지 않고 상대를 통제하면 자신이 버림받는 상황을 막을 수 있다는 믿음을 붙잡고 있다는 사실이다. 즉, 그들은 이 관계가 강압적으로나마 유지될 수 있다고 여기며 불안감을 조절하는 것이다.

이상한 자기 통제

나르시시스트는 주변 사람, 관계, 환경을 통제할 뿐만 아니라 자신의 감정 또한 통제하려고 한다. 그런데 이는 건강한 의미에서의 정서 조절이 아니다. 그들은 나약한 사람들만 느끼는 것으로 여기는 자신의 감정을 통제하려고 한다. 이러한 감정에는 상대에 대한 연민, 친절함, 따듯함, 배려심이 있으며, 이는 나르시시스트가 생각하기에 자신에게 득이 될 것이 없는 감정들이다. 슬픔, 미안함, 외로움 등도 통제 대상이다. 이러한 감정들은 스스로를 취약하게 만들기 때문이다.

예를 들어 자신이 좋아하는 사람이 자신과 가까워지는 것을 꺼려하면 서글프고 외로운 기분이 들다가도, "지가 뭔데 나 같은 사람을 거부하지. 생각할수록 화나네. 나중에 어떻게든 되갚아줘야지" 하면서 외로움을 분노감과 공격성으로 변형시켜서 취약한 자신의 감정을 스스로 통제한다.

무언가에 잘 중독되는 사람들

나르시시스트는 중독에 취약한 특징이 있는데, 나르시시스트 당사자가 보이는 갖가지 중독 증세로 인해 주변의 가족들이 막대한 고통을 경험하는 경우가 많다. 예를 들어, 나르시시스트 배우자가 반복적으로 밤새 게임을 하고 나서 다음 날 출근을 힘들어하고, 술을 자주 과하게 마시며 주사를 부리거나, 필름이 끊기고 인사불성이 되기도 한다. 상습적인 도박으로 인해 가정에 경제적으로 큰 타격을 주기도 하며, 주기적으로 성매매 업소를 찾거나 강박적으로 포르노를 시청하며 자위를 한다.

　그런데 나르시시스트는 은근히 또는 대놓고 자신의 이러한 중독을 상대방 탓으로 잘 돌린다. "당신이 자꾸 불평하고 잔소리를 하니까 내가 속상해서 머리를 비우려고 게임을 더 하게 되는 거야", "당신이 나랑 잠자리를 충분히 안 해주니까 내가 이러는 거야'라는 궤변을 늘어놓는다. 그리고 이런 말에 넘어가서 실제로 나르시시스트의 중독 관련 행위의 원인을 가족들이 자기 자신에게서 찾게 되기도 한다.

중독에 취약한 이유

하지만 나르시시스트가 중독에 취약한 이유는 상대방의 잘못으로 인해서가 절대로 아니다. 그것은 본인이 원래 지니고 있는 건강하지 않은 심리 때문이다. 나르시시스트는 다른 사람들보다 공허감과 무료함을 훨씬 더 많이 경험한다. 이를 겉으로 티를 낼수도 있고 안 낼 수도 있지만, 마음속으로 삶이 무의미하다고 느끼는 순간들이 많다. 따라서 그들은 자기 자신의 흥미를 돋우고 유지시킬 만한 자극들을 끊임없이 추구한다. 갖가지 중독에 빠지기 쉽고, 성적으로 문란할 수 있으며, 스릴 넘치는 위험한 행위들을 무모하게 추구하기도 한다. 어떤 경우에는 보통 사람들은 엄두조차 내지 못하는 고위험 스포츠나 레저를 즐기기도 하고, 또다른 경우에는 자신이 성장한 곳과는 전혀 다른 지역을 탐험하고 싶은 욕구를 끊임없이 느끼며 해외의 여러 나라를 옮겨 다니며 살기도 한다. 이런 행위들을 통해서 흥미진진함을 경험하면서 삶의 가치를 추구하는 것이다. 다른 사람들이 얼핏 봤을 때는 매우 적극적으로 인생을 즐기고 있는 것처럼 보이지만, 실제로 나르시시스트들은 이런 자극이 없으면 극심한 공허감과 지루함이 느껴져 힘들기 때문에 그로 인해 더 자극적인 삶을 살려고 하는 것이다.

나르시시스트가 다른 사람들보다 공허감과 무료함을 훨씬 더 많이 경험하는 이유는, 뒤틀린 심리로 인해 의미 있는 대인 관계를 맺지 못했다 보니 내면 세계가 비어 있기 때문이다. 우리는 주양육자를 시작으로 점차 성장하면서 나에게 중요한 대상들과 깊이 있는 관계를 맺으며, 그 대상을 마음속에 내면화시킨다. 그래서 힘든 시기에 직접 만나거나 대화하지 않아도, 누군가가 나를 사랑하고 걱정하고 있다는 생각만으로도 마음속에 간직하고 있는 중요한 대상들과의 관계를 떠올리며, 위안을 얻고 지지를 받는다. 그리고 이런 내면화된 중요한 대상들로 인해 나의 삶에 의미를 부여하고 충만함을 느낀다.

그러나 나르시시스트들은 어렸을 때부터 이러한 내면화 과정에 문제가 있다. 자신을 진정으로 위한다고 느끼는 대상이나 그 대상과 맺은 관계 양상들이 마음속에 간직되어 있지 않기에 공허하고 삶에 대한 진정한 원동력이 없이 무료함을 느끼는 것이다. 그래서 내면에서는 찾을 수 없는 이러한 자극을 외부의 자극 추구 행위를 통해 얻는 것이다.

Chapter 3

당신이 몰랐던
나르시시스트의
다양한 얼굴들

앞서 자세하게 다루었듯이 나르시시스트적 성격 특성에는 다양한 요소들이 포함된다. 내면의 근원에 자리 잡고 있는 불안정한 정체성 및 자존감과, 이로 인해 파생되는 공감 능력의 손상과 과대성, 우월감, 특권 의식, 자기중심성, 피상적 관계 양상, 관심과 찬사 추구, 과한 질투심, 분노감 등 감정 조절 어려움, 무능감과 수치심을 쉽게 경험하는 등의 특성들은 나르시시스트라면 누구나 지니고 있는 반면, 그 외의 나르시시스트적 특성들은 존재하는 여부와 강도가 개인마다 차이가 있다.

따라서 근본적인 주요 심리적 특성이 매우 유사한 나르시시스트라고 해도 기타 나르시시스트적 특성 중 어떤 것을 얼마나 지니고 있는지에 따라서 겉으로 보여지는 모습은 매우 다를 수 있다. 이에 두드러지게 보여지는 특성을 바탕으로 나르시시스트는 크게 과대형 나르시시스트Grandiose Narcissist, 취약한 나르시시스트Vulnerable Narcissist, 악성 나르시시스트Malignant Narcissist, 공동체적 나르시시스트 Communal Narcissist, 독선적 나르시시스트Self-Righteous Narcissist 등의 유형으로 분류된다.

세상은 나를 위해 존재한다

과대형 나르시시스트

과대형 나르시시스트*는 우리가 가장 대표적으로 떠올리는 나르시시스트 유형으로 가장 쉽게 알아볼 수 있으며, 영화나 드라마에서도 자주 등장하는 캐릭터이다.

과대형 나르시시스트는 정신질환의 진단 및 통계 편람에서 묘사하는 자기애성 성격 장애의 명시된 성격 특성을 가장 두드러지게 지니고 있다. 눈에 띄게 자신의 성취와 능력을 높이 평가하고, 자신

---

* 소위 외현적(overt), 얼굴 가죽이 두꺼운(thick skinned), 의식하지 못하는(oblivious), 과시하는(exhibitionistic) 나르시시스트 등의 여러 명칭으로 불려 왔으나, 이 책에서는 '과대형 나르시시스트'라는 용어를 사용한다.

이 다른 사람보다 낫다고 믿으며 거만하고, 어디를 가든지 특별 대우를 받길 기대한다. 사회적인 성공이나 권력, 외적인 아름다움을 중요시하고, 다른 사람들이 자신을 부러워하고 질투한다고 믿는 특성이 이에 해당된다.

이들의 왜곡된 과대성은 기능적인 측면에서는 뒤에서 다룰 나르시시스트의 또 다른 유형인 취약한 나르시시스트보다 더 효율적으로 작동하는 것으로 알려져 있다. 이들은 사회적 기능인 일을 하는 능력이나 표면적인 대인 관계 기술 등은 잘 유지되는 편이다. 그러나 관계 안에서 진정한 친밀감이나 공감은 다른 나르시시스트 유형과 마찬가지로 결여되어 있다.

따라서 이들은 겉으로 봤을 때 매력적이고, 외향적이며, 자신감과 카리스마가 넘친다. 심지어 자신과 어울리는 주변 사람들로 하여금 특별하다는 느낌을 받게 한다. 연예인이나 정치가, 인플루언서, 성공한 기업인들 중에는 과대형 나르시시스트적 특성을 지닌 사람들이 적지 않다.

외적인 아름다움을 중요시하는 이들은 주변 사람들의 선망의 대상이 되기도 한다. 이들의 전형적인 모습으로는 명품으로 몸을 치장하고, 비싼 식당에서 식사를 하고, 고가의 차량을 운전하는 것이다. 그리고 이러한 생활 방식을 그들에게 너무나 좋은 놀이터인 각종 SNS에 수시로 올리며 자랑한다.

성공 지향적인 사람들

과대형 나르시시스트가 다른 유형의 사람들보다 사회적으로 성공할 가능성이 높은 이유는, 이들은 다른 가치들보다 권력이나 재력 등의 외적 요소를 우선시하고 자신이 원하는 것을 얻기 위해서는 수단과 방법을 가리지 않는 경우가 많기 때문이다. 규칙과 규율을 지키지 않거나 주변 상황과 사람들을 조종하고 착취하면서 정당하지 않은 방법으로 일 처리를 하기도 한다. 또 사회적 지위를 얻기 위해 필요한 것이 무엇인지 잘 파악하여, 자신의 경력을 빛내줄 포트폴리오를 잘 쌓으며 자기 PR의 대가들이다.

이들은 이렇게 해서 얻은 사회적 지위와 권력을 통해 관계 안에서 우위를 차지하려고 한다. 자신과 다른 사람의 가치와 성공 기준을 지극히 사회적인 권력과 재력으로만 평가하고, 자신의 수준에 못 미치는 사람들을 업신여긴다. 이에 '하찮은' 주변인들과 비교해서 자기 자신을 특별한 존재로 여기기 때문에 어딜 가나 특별 대접을 당연하게 여기며, 만약 그렇지 않으면 갑질도 서슴지 않는다.

또한 과대형 나르시시스트는 자만심이 넘쳐서 항상 원대한 꿈을 품고 이에 대해서 자주 표현한다. "나 40세 전끼지 100억을 벌 기야", "내가 이 회사를 나중에 인수할 거야" 등 자신의 포부를 자주 이야기하지만 정작 그것을 어떻게 실현할지 구체적인 계획은 없는 경우가 많다. 그래서 누군가가 주위에서 객관적인 사실이나 구체적인 근거를 들어 현실을 직면시키기라도 하면 듣기 싫어한다. 과대형 나르시시스트는 다른 유형에 비해서도 특히나 자기 성찰 능력이 떨어지므로 자신의 부정적인 측면에 대해 잘 인지하지 못한다.

친구나 이성을 만날 때

대인 관계 내에서 과대형 나르시시스트는 혼자 있는 것을 선호하지 않고 늘 사람이 많은 곳에서 자신이 관심받는 상황을 추구한다. 관계 초반에는 많은 사람을 자신의 주변으로 끌어들이지만, 정작 깊이 있는 관계로는 나아가지 못한다. 또한 대화를 나눌 때 본인 위주로 이야기가 전개되며, 상대의 이야기에 집중하지 못한다.

나르시시스트 전문가 라마니 더바술라 박사Dr. Ramani Durvasula는 나르시시스트가 대화에 집중하지 못하는 것은 주의력결핍 과잉행동장애Attention Deficit Hyperactivity Disorder(ADHD) 증상과는 다른 것이라고 언급하였다. 성인 ADHD는 제반의 상황에서 집중하기 어려워하는데, 나르시시스트는 본인과 관련된 얘기를 할 때는 집중하고, 다른 사람이 이야기할 때에만 집중하지 못한다.

과대형 나르시시스트는 애인이나 배우자를 선택할 때 자신의 우월감과 능력을 과시하기 위한 수단으로 본인보다 젊고 외모가 출중한 트로피 와이프/허즈번드를 선택하는 경우가 많다. 눈에 띄게 매력적인 이성과 교제하며 자신의 사회적 지위와 재력 수준 등을 증명하고 드러내길 원한다. 그들은 이성의 마음을 사로잡기 위해 데이트 초반에 고가의 선물과 황홀한 데이트를 이어가며 관계를 매우 빠르게 진전시켜 나간다.

그런데 관계가 빨리 달아오른 만큼 빨리 식고, 관계가 식고 나서는 다른 사람과 외도할 가능성이 가장 높은 나르시시스트 유형이기도 하다. 그들은 자극적인 것을 추구하기 때문에 쉽게 지루해하며, 새로운 사람을 만나서 정복하고, 비밀리에 갖는 짜릿한 성관계를 즐길 수 있기 때문이다. 또한 지속적으로 인정과 관심을 받고 싶어해서 상대가 관심을 주는 데에 끝이 없다는 느낌이 들 수 있고, 만약 상대가 지쳐서 자신이 원하는 만큼의 관심을 주지 않을 경우 쉽게 불만을 토로한다. 그래서 새로운 애인이 주는 관심에 더욱 목이마른 것이다.

과대형 나르시시스트는 초반에 매우 매력적일 수 있기에 상대방은 그만큼 과대형 나르시시스트에게 매료되어 관계 안에 빠져들어갈 가능성이 높다. 또 관계를 이어오던 중 상대가 건강하지 않은 관계 양상에 변화를 주거나 관계에서 벗어나려고 하면, 가스라이팅과 과도한 애정 공세로 극적으로 상대방을 확 끌어오는 기술인 러브바밍love bombing등의 행위를 자유자재로 구사하며, 상대방을 기존의 관계 안에 붙잡아두는 데 매우 능숙한 유형이다.

이런 사람이 나르시시스트라고?

취약한 나르시시스트

취약한 나르시시스트[*]는 나르시시스트의 핵심적인 심리는 동일하게 지녔지만, 보여지는 모습이 전형적인 과대형 나르시시스트와는 정반대인 것처럼 느껴진다. 즉, 자신에게 이목이 집중되는 것을 불편해하고 수줍어하며 내성적인 유형의 나르시시스트들을 설명하기 위해 등장한 개념이다. '이러한 사람들이 나르시시스트라고?'라고 생각할 수 있겠지만 생각보다 우리 주변에는 취약한 나르시시스트

---

[*] 소위 내현적(covert), 얼굴 가죽이 얇은(thin skinned), 과각성된(hypervigilant), 드러나지 않은(closet), 수줍은 (shy) 나르시시스트 등의 여러 명칭으로 불려 왔으나, 이 책에서는 '취약한 나르시시스트'라는 용어를 사용한다.

가 많으며, 이들로 인해 심각한 정서적 고통을 받고 있는 사람들 또한 많다.

취약한 나르시시스트는 과대형 나르시시스트에 비해 내적 심리 상태가 유약하고, 내면에 자리 잡고 있는 과대성이 기능적인 측면에서 효율이 떨어지는 유형이다. 따라서 겉으로 보이는 모습에서도 사람을 대하고 상황을 이끄는 등 사회적 기술이 부족하며, 덜 매력적인 경우가 많다. 이에 상대적으로 사회적인 성공을 하지 못했을 가능성이 높아서 대놓고 거만하거나 잘난 척하는 모습을 잘 보이지는 않는다.

반면에 그들은 자신이 잘났음에도 불구하고 성공하지 못한 이유는 다른 사람 탓, 세상 탓, 환경 탓이라고 여기며 주변 사람과 상황을 탓하고 원망하는 모습을 공통적으로 보인다. 또한 자신이 보기에 성공한 다른 사람의 노고를 인정해주기는커녕 근거 없이 비난하고 깎아내린다. 하지만 마음속으로는 그 대상들을 부러워하고 질투한다. 인터넷 트롤internet troll이나 악플러들 중에 취약한 나르시시스트적 특성을 지닌 사람들이 적지 않다.

매력적으로 보일 수 있는 과대형 나르시시스트에 비해서 주변 사람들이 먼저 다가오는 경우가 적은 취약한 나르시시스트는 관계를 맺기 위해서 공감 능력이 있는 척을 하기도 한다. 즉 어떤 상황에서 어떤 반응을 보여야지 상대가 좋아할 것을 학습하고 계산적으로 공감해주는 듯한 행동을 보인다. 하지만 이는 진정한 공감이 아니기에 지속적이기는 어렵다.

취약한 나르시시스트는 특히나 다른 사람이 자신을 어떻게 바라보는지에 더욱 민감하다. 상대가 조금이라도 자신에게 비판적인 모습을 보이면 엄청난 수치심과 분노감을 느끼며, 반대로 상대가 자신을 긍정적으로 평가하면 과한 만족감과 우월감을 만끽한다. 과대형 나르시시스트는 자신의 외적인 성취들로 어느 정도 자존감을 유지하는 반면, 취약한 나르시시스트는 자존감을 유지하기 위해 다른 사람들의 인정과 찬사, 돌봄이 항상 필요하다. 따라서 취약한 나르시시스트와 가깝게 지내는 주변 사람들은 유독 진이 빠지고 지칠 수 있다.

왜 자꾸 미안한 마음이 드는 걸까?

그럼에도 불구하고 주변 사람들이 취약한 나르시시스트를 떠날 수 없는 가장 큰 이유가 죄책감이다. 이들은 자신이 필요로 하는 누군가가 자신을 떠나려고 하면 공격적 태도를 주로 보이는 과대형 나르시시스트와는 달리 상대로 하여금 동정심과 죄책감을 느끼게끔 유도한다. 이들은 특별히 이타심이 강한 사람들을 잘 알아보고 이들과 필사적으로 관계를 맺으려고 하는데, 관계 초반에 의도적으로 자신의 상처들을 상대에게 노출시키기도 한다. 이들은 공격적인 모습보다는 자신의 취약한 측면들을 전면에 내세우기 때문에 상대가 나르시시스트에 대한 인지가 생기기까지 상대적으로 더 오래 걸릴 수 있다. 따라서 상대는 지속적으로 취약한 나르시시스트를 격려해 주면 그가 바뀔 수 있을 것이라는 헛된 희망을 품은 채 지지와 찬사의 역할을 계속할 수 있다. 또한 그럼에도 변하지 않는 나르시시스트의 모습에 오히려 자신의 역할이 부족했다고 스스로를 탓하고 좌절감을 경험하기도 한다.

취약한 나르시시스트가 부모인 경우 자녀들의 눈에는 부모가 늘 화가 나 있는 것처럼 비춰질 수 있으며, 부모는 자녀에게 자신은 가족을 위해 모든 것을 희생해야만 하는 피해자임을 강조한다. 또한 자녀를 경쟁상대로 여기기도 한다. 예를 들어, 딸이 빼어난 외모로 관심을 받으면, "엄마는 젊었을 때 너보다 훨씬 예뻤지만 나이 드니까 여자 외모 한순간이더라. 주위에서 치켜세워 준다고 스스로 잘났다고 생각하면 오산이야"라고 말하는 식이다.

취약한 나르시시스트는 과대형 나르시시스트와는 달리 피상적인 수준의 친구들마저도 적은 편이다. 다른 사람과 가까워지면 자기 자신과 비교하게 되고, 그러다 보면 무능감이 자극되기 때문에 다른 사람들과 가까워지는 것을 피한다. 또한 수동공격적인 성향이 강하다. 질투심을 불러일으키는 친구를 대놓고 공격하기보다는 은근히 돌려서 그 친구를 깎아내린다.

정신분석가 오토 컨버그는 과대형 자기애성 성격 장애와 취약한 자기애성 성격 장애를 이미 자리 잡고 있는 병리적인 과대성 관련 심리 구조에 의해 구분한다. 그러나 두 유형 모두 그 외의 핵심적인 내면의 심리들은 동일하다. 이에 과대형 나르시시스트가 금전적으로 어려워지거나 사회적 지위가 실추되는 등 외적인 조건이 갑자기 나빠지면 취약한 측면들이 수면 위로 오른다. 반대로 취약한 나르시시스트의 외적인 조건이 급격히 좋아지는 경우, 과대한 측면들이 두드러질 수 있다. 즉 한 사람이 두 나르시시스트 유형을 오가는 것처럼 보일 수 있는 것이다.

가장 악랄하고 위협적인 존재들

악성 나르시시스트

악성 나르시시스트는 사회에서 일어나는 각종 폭력과 범죄의 중심에 있는 나르시시스트 유형으로, 나르시시스트들 중에서도 가장 잔인하고 위협적이고 악랄하다. 이 나르시시스트 유형은 일반적인 자기애성 성격 특성에 더해서 반사회성, 편집성, 가학성, 그리고 자신의 이런 공격성에 스스로 불편감을 느끼지 않는 자아동조적인 공격성ego-syntonic aggression 특성까지 지니고 있다. 즉 다른 나르시시스트 유형에 비해서도 다른 사람에게 신체적, 정신적 해를 가하는 것을 서슴지 않으며 자신의 이익을 위해서라면 거짓말을 반복적으로 하고, 충동적이며 무책임한 측면이 두드러진다.

과대형 또는 취약한 나르시스트도 일반적으로 자신의 이기적인 욕구를 충족하기 위해서 다른 사람을 착취하거나 피해를 주지만, 다른 사람들의 평가에도 신경을 많이 쓰기 때문에 때때로 수치심을 느끼며 자신의 행동을 후회하기도 한다. 그러나 악성 나르시스트는 공감 능력이 극도로 손상된 유형으로 자신이 다른 사람에게 막대한 피해를 가했음에도 불구하고 죄책감이나 후회를 느끼지 않는다. 심지어 가학적인 성향이 있어서 죄책감은커녕 다른 사람이 고통받는 것을 즐길 수도 있다. 그래서 이들은 범법적인 행위를 하고 사회적 규범을 어기는 것을 어려워하지 않으며, 신체적인 폭력을 반복적으로 행사하는 등 공격성이 두드러지고, 다른 사람의 안전에 대해 무감각한 무모한 모습을 보인다.

또한 그들은 편집증적인 측면이 강해서 충분한 근거가 없는 상황에서도 다른 사람이 자신을 기만하거나 해를 가하려고 한다고 여긴다. 예를 들어, 아무런 이유 없이 배우자의 외도를 의심하며 강압적으로 통제하려고 한다. 기업의 고위직인 경우 직원들이 공금을 횡령할 것이라고 의심하는 모습을 보이기도 한다. 이와 같은 강한 편집성은 악성 나르시스트가 자신의 공격성과 증오를 대상에게 투사하는 것이고, 동시에 자신의 공격성을 합리화하는 수단이 되기도 한다.

악성 나르시스트는 많은 경우 어린 시절 양육 과정에서 주양육자로부터 가학적인 신체적, 정서적 학대를 당하거나 극심한 환경적인 빈곤을 경험했을 가능성이 높다. 우리의 양심이라 부를 수 있는 심리적 구조인 초자아super ego의 큰 결함과 함께 극도의 과대성, 충동성, 공격성, 가학성, 편집성 등이 뭉쳐져서 악성 나르시시스트의 잔인한 심리를 자아낸다. 악성 나르시시스트는 극단적인 경우 사회적인 기능이 무너져 내려서 대인 관계 및 직업 유지가 불가능하며, 정서 조절의 극심한 장애와 동반되는 자기 파괴적인 증상으로 인해 일상생활이 가능하지 않은 경우들도 있다.

위험한 리더

반면에 악성 나르시시스트들 중에서 병리적인 과대성이 사회적 기능을 강화시켜줄 만큼 강력하고 잘 정립되어 있는 유형은 표면적으로는 정신적인 문제가 있는 것처럼 보이지 않는다. 이 유형은 권력과 힘을 강렬하게 추구하는 경향과 함께, 목적 달성을 위해서는 수단과 방법을 가리지 않는 특성을 보이므로, 특정 조직의 수장 역할을 맡게 되는 경우도 종종 있다. 기업계, 정치계, 학계 등 모든 분야에서 악성 나르시시스트적 특성을 지닌 사람들이 지도자급으로 선정되는 것으로 보고되고 있다.

특히 사회적인 분열이 일어나고 사상 간 충돌이 있으며 내집단과 외집단이 명확하게 구분되어 있는 불안정한 상황에서, 자신들의 우월성을 증명하고자 하는 극단적인 단체의 지도자로 악성 나르시시스트가 많이 자리 잡는다. 이런 퇴행된 상황에서는 죄책감 없이 반대편에게 해를 가하고 공격하는 무자비하고 잔인한 지도자가 필요하기 때문이다.

악성 나르시시스트가 한 단체의 수장이 되는 경우 그 조직 전체의 윤리 의식은 그 수장의 도덕성 수준으로 전락하며, 조직 전체에 편집증적인 정서가 만연해진다. 그러면 오히려 건강한 측면이 강한 사람들이 조직의 적대적인 분위기에 우울감을 경험하며 스스로를 고립시키다가 결국 조직을 떠나게 된다. 직장 상사가 악성 나르시시스트적 특성이 두드러진 경우, 성희롱적 행위를 남발하거나 극악무도한 직장 내 괴롭힘을 가할 수 있다.

악성 나르시시스트 vs 사이코패스

우리가 흔히 알고 있는 사이코패스라는 개념이 악성 나르시시스트와 유사하게 느껴질 수 있다. 악성 나르시시스트와 사이코패스, 두 유형 모두 극심한 과대 사고를 하고, 죄책감과 공감 능력 결여로 인해 잔인한 행동을 서슴없이 하며, 대인 관계 내에서 상대를 극단적으로 조종하고 강압적으로 통제하고 위협하며, 가차 없이 착취하는 행동 패턴을 보이다 보니, 서로가 흡사하게 보이는 것이다. 이에 두

용어가 서로 혼용되어 사용되는 경우가 많았으며, 두 개념 모두 대량 학살이나 연쇄 살인, 강간 살인 등과 연관되어 연구되어 왔다.

그러나 악성 나르시시스트와 사이코패스 사이에는 분명한 차이가 있다. 악성 나르시시스트는 겉으로는 유능하고 성공적이며 자급자족하는 것처럼 보일 수 있지만, 내면적으로는 실패와 평가에 취약하고 비난에 민감하여 자신의 과대적인 목표를 달성하지 못한 경우 자기 조절 능력을 상실하여 두드러진 감정 변화와 분노감 및 공허감을 경험한다.

반면에 사이코패스에게는 악성 나르시시스트에게 보이는 내적 취약함이나 불안감 등의 감정적인 반응 자체가 결여되어 있다. 이에 안팎으로 완벽하게 냉담하고 매사에 초연한 듯한 무관심함이 두드러진 특성이며, 이 때문에 극단적인 도덕적 이탈이 더욱 가능하다. 대부분의 사람들은 상대에게 큰 피해를 입히는 고의적인 행동을 할 때 스트레스를 받으며 교감 신경이 활성화되어 불안하고 땀이 나고 심장이 뛰는 증상들을 경험한다. 그런데 사이코패스는 이러한 상황에서도 교감 신경의 활성화와 그로 인한 반응이 부재하다. 따라서 극악무도한 범죄도 아주 차분하게 저지를 수 있는 것이다.

또한 악성 나르시시스트는 자신이 생각하기에 힘이 있다고 여겨지거나 자신을 맹목적으로 따르는 추종자들과 어느 정도 유대 관계를 형성할 수 있다. 그래서 악성 나르시시스트는 범죄 조직에 가담할 경우 같은 조직 내 구성원들과 관계를 맺을 수 있는 능력이 있다. 그러나 사이코패스는 그러한 유대 관계를 형성할 필요조차 느끼지 않는다. 이에 악성 나르시시스트보다 나르시시즘의 극단에 있는 병적인 상태를 사이코패스로 보는 견해도 있다.

왜 그들과 만나는 것일까?

친족이나 직장 동료 등 다른 선택권이 없이 저절로 악성 나르시시스트와 엮이는 경우도 있지만, 친구나 연인 등 자신이 선택해서 악성 나르시시스트와 관계를 맺는 경우도 적지 않다. 이런 경우 왜 이렇게 무섭고 잔인한 이들과 관계를 시작하게 되는 것일까? 그 이유는 다른 나르시시스트 유형과 마찬가지로 악성 나르시시스트 또한 자신의 건강하지 않은 측면을 숨기는 것에 능숙하기에, 처음부터 본모습을 드러내지 않기 때문이다. 오히려 관계 초반에 악성 나르시시스트는 자신감과 카리스마 넘치며 두려움을 모르는 존재로 비춰질 수 있다. 특히 악성 나르시시스트는 마음에 드는 상대 연인에게는 강렬하게 그 사람을 추구하는 모습을 보이면서, '나만 믿고 따르면 모든 것을 다 해줄게'라는 느낌을 줄 수 있다. 이때 특히 다른 이에게 의지하고자 하는 욕구가 크고 자신이 처한 환경에서 벗어나게 해줄 누군가가 절실한 사람이 악성 나르시시스트에게 더욱 끌릴 수 있다.

그런데 모든 나르시시스트의 경우처럼 악성 나르시시스트도 얼마 지나지 않아 자신의 본모습을 드러낸다. 악성 나르시시스트의 진짜 모습을 경험하게 된 상대는 그 관계를 떠나고 싶은 마음이 간절하지만, 자신이 떠나려고 하면 악성 나르시시스트가 자신에게 실제적으로 해를 가할 수도 있다는 두려움 때문에 관계에서 벗어나지 못하는 경우가 너무 많다. 또 가정 폭력으로 힘들어하는 분들을 보면 그러한 환경에서 벗어나고 싶어도 필요한 자원이나 도움이 충분하지 않아서, 학대적인 상황에 머물러 있는 사람들이 있다. 이런 사람들을 위해 더욱 많은 사회적 안전장치와 이들을 물질적 또 정서적으로 지지해줄 수 있는 자원들이 마련되어야 할 것이다.

그 사람의 이중성에 속지 말 것

공동체적 나르시시스트

각종 사회단체에 기부도 많이 하고 봉사활동도 꾸준히 해온 특정 유명인이 알고 보니 가정에서는 폭군이거나 상습적으로 외도를 일삼는 등 문란한 성생활을 지속했다는 사건을 종종 듣게 된다. '본심이 그렇게 어두운 사람이 왜 굳이 다른 사람을 도와주는 일에는 앞장서는 걸까?'라는 의문이 들 수 있다. 이러한 의문을 우리는 공동체적 나르시시스트 유형에서 찾을 수 있다.

공동체적 나르시시스트는 심리학 교수 요헨 제바우어Jochen E. Gebauer에 의해 새롭게 대두된 나르시시스트 유형이다. 다른 유형과 핵심적인 심리는 동일하나 차이점은 다른 사람들을 돕는 행위를 통해서 자신의 과대성을 충족시키고 다른 사람의 찬사를 추구한다는 것이다.

예를 들어, 과대형 나르시시스트는 '내가 여기서 제일 잘나가지'라는 생각을 주로 한다면, 공동체적 나르시시스트는 '내가 여기서 착한 일을 가장 많이 하는 사람이지'라는 생각을 주로 한다고 보면 된다. 이들은 자신의 기부 내역이나 봉사 활동이 다른 사람들에게 실질적으로 얼마나 도움이 되었는지보다 그 사실이 다른 사람들에게 얼마나 알려졌는지를 주목한다. 또한 자신이 한 행동들이 드러나지 않거나 어떤 이유에서든 사람들의 주목을 받지 못하면 분노감에 휩싸일 수 있다.

가면을 쓴 종교 지도자들

공동체적 나르시시스트 중에는 성직자들도 소수 있다. 종교적 집단에서는 점잖고 경건한 모습인 부모가 가정에서는 난폭하고 위선적인 모습에 어려움을 겪는 자녀들도 많이 있다. 이는 성도들에게도 마찬가지다. 겉으로는 성도를 위하고 사랑하는 척하지만 궁극적으로는 이들을 이용해 자신의 위상을 높이거나 재정적 이득을 취하고자 하는 경우도 많다. 이는 일반 성직자들뿐만 아니라 요즘 흔히 접할 수 있는 구루guru들 중에서도 볼 수 있다.

그렇다면 이들은 왜 다른 유형보다 공동체적 특성을 띠게 된 것일까? 그것은 아마도 어렸을 때의 양육 방법이 많은 영향을 끼쳤을 것으로 보인다. 자라온 환경이 공동체적 가치를 중요시하는 환경이었다면, 예를 들어 부모가 인권, 종교, 세계 평화, 환경 보호 등에 관심이 많았다면 나르시시스트 자녀 또한 이런 가치들을 실현하는 일에 더욱 스스로의 과대성을 확인하게 될 수 있다. 또 특정 계기로 남을 돕는 행위야말로 다른 사람들의 칭찬과 감탄을 가장 잘 이끌어낸다는 것을 몸소 경험한 나르시시스트는, 향후 찬사를 위해서 선행을 반복할 수 있다.

그런데 다른 나르시시스트 유형도 그렇듯이, 공동체적 나르시시스트도 다른 유형과 특성이 겹칠 수 있다. 과대형 나르시시스트가 대놓고 드러내는 특권 의식과 거만함은 공동체적 나르시시스트도 얼마든지 보일 수 있다. '내가 이렇게 선하고 좋은 일을 많이 하는데, 당연히 그만한 대접을 받아야지' 하면서 말이다.

또한 취약한 나르시시스트처럼 자신의 과거 아픔을 이용하여 사람들의 인정과 따름을 얻으려고 할 수 있으며, 또 자신이 원하는 만큼 자신의 선행을 사람들이 알아주지 않으면 침울해하거나 남 탓을 하는 모습도 보일 수 있다. 또 악성 나르시시스트처럼 다른 사람들을 극단적으로 착취하고 조종함으로써 자신의 뜻을 실현하려고 하는 경우도 있다. 아마도 가장 극단적인 형태의 공동체적 나르시시스트와 악성 나르시시스트가 섞인 형태가 사이비 종교 집단의 교주일 것이다.

남들에게는 좋은 사람처럼 보여도

공동체적 나르시시스트 역시 연인 관계 초반에는 매우 매력적일 수 있다. 사회적으로 바람직한 일에 앞장서는 그를 보며 자신이나 가족도 잘 돌봐줄 것이라 기대하기 때문이다. 그렇기에 초기에는 이러한 일로 발생하는 문제도 많은 부분 수용해준다. 예를 들어, 공동체적 나르시시스트가 사전에 상의도 없이 일방적으로 약속을 취소한 뒤 이렇게 말한다. "너무 중요한 일이 있었어. 우리 약속도 소중하지만 내 도움이 필요한 사람들이 기다리고 있어서 어쩔 수 없었어." 애인은 한두 번은 이해하고 넘어갔지만 이후에도 이런 일이 반복되자 점차 관계 내에서 존중받지 못하고 있다는 느낌을 강하게 받는다. 그래서 이러한 자신의 마음을 표현하자 나르시시스트는 앞으로도 중요한 일들을 많이 해야 하는데 이렇게 이해심이 없으면 곤란할 것 같다고 말하는 것이다. 또 주변 사람들에게 고민을 털어놓아도 비슷한 답변을 하면서 그를 두둔하는 경우가 많다.

이처럼 공동체적 나르시시스트 가까이에 있는 주변인들은 그로 인해 많은 고통을 경험하기 마련이다. 다른 사람들 앞에서는 선한 모습을 보여도 나르시시스트의 특성상 가까운 사람들과는 깊이 있는 교류가 되지 않으며, 오히려 그들에게 냉담하고 심지어는 착취적이고 학대적인 태도를 보일 수 있기 때문이다. 또한 상대가 대외적으로는 훌륭한 사람인데 자신한테는 늘 화를 내고 못되게 굴다 보니, 두 가지 상반되는 지각으로 인해 생기는 정신적 스트레스인 인지부조화로 인해 마음이 더욱 힘들 수 있다. 따라서 공동체적 나르시시스트가 좋은 사람이라고 스스로를 계속 납득시키려고 한다. 또는 상대에게 문제가 있다는 것을 확실하게 인지하더라도, 현재 상황에 변화를 주기 위해 주변에 도움을 요청하기 어려울 수 있다. 그는 대외적으로는 아무런 문제가 없는 좋은 사람이기 때문이다.

사회적으로 이미지가 좋은 정치인, 교육인, 스포츠 선수, 연예인, 예술가 등 유명인 중에서도 공동체적 나르시시스트가 있을 수 있다. 그런데 누군가 이들의 실체를 공개적으로 밝히더라도 많은 이들이 이를 믿지 않는 경우가 많다. 종교 단체에서도 특정 성도가 모든 사람이 존경하는 지도자와 관련하여 약간의 문제라도 제기하면, 그 성도를 무조건 비난하는 일이 잦다.

이처럼 사람이 남들에게 의도적으로 보이는 행동만으로 그를 평가할 수 없다. 사람들 앞에서 보이는 선한 이미지 이면에 어떤 심리가 존재하는지, 보이지 않는 곳에서는 어떻게 행동하는지가 중요하다. 대외적으로 이타적인 모습만을 강조하는 공동체적 나르시시스트를 정확하게 알아보려면, 나르시시스트의 심리 세계에 대한 충분한 인지가 있어야 하는 것이다.

내가 무조건 옳다
독선적 나르시시스트

독선적 나르시시스트는 주위 사람들에게 자신이 도덕적으로 올바르며 종교적으로 고결한 사람이라고 강조하는 유형이다. 이에 겉으로 봤을 때 매우 바른 생활을 하는 것처럼 보일 수 있다. 이들은 거짓말, 외도, 비윤리적인 행동을 별 죄책감 없이 하는 이미지와는 상당히 다르기 때문에, 나르시시스트라는 것을 인지하기 더욱 어려울 수 있다.

이들은 우월감을 바탕으로 자신을 다른 사람보다 고귀하다고 여기며, 본인이 하는 모든 생각과 행동은 옳다고 생각한다. 고압적이고 융통성이 없으며, 상대의 부족한 부분이나 실수에 대해서 매섭게 비난하고 가혹하게 평가한다. 상대의 약점이나 어려움에 대한 이해가 전혀 없이 나약하고, 게으르며, 노력이 부족하고, 못난 사람이라고 경멸하는 모습을 종종 보인다. 그리고 상대를 정죄하는 태도를 통해 관계 안에서 우위를 차지하면서 무조건적인 충성심을 요구한다. 수치심과 굴욕감을 심어주면서 자신에게 복종하게끔 만드는 것이다.

그들이 집착하는 것

이들은 자신의 고귀한 이미지를 유지하기 위해 완벽주의적인 성향이 두드러지고, 커리어적인 성과와 재정적인 성공에 집착하면서, 사람들과 깊이 있게 교류하는 것을 불필요하게 여긴다. 감정의 교류나 관계에서 오는 즐거움을 멸시하고 스스로의 가치를 전적으로 성과와 권력으로 평가하는 것이다. 따라서 독선적 나르시시스트 가운데는 가족들과 보내는 시간이 거의 없이, 오로지 일에 매달리는 사람도 많다. 자신이 옳다고 생각하는 원칙만을 강조하며, 자신의 방식이 주변 사람들에게 고통을 준다고 하더라도 절대로 바꾸지 않으려고 한다.

독선적 나르시시스트는 돈에 매우 예민하고 집착한다. 그들은 검소한 수준을 넘어서서, 경제적으로 여유가 있다고 하더라도 돈에 매우 인색하고 돈으로 주변 사람들을 조종하려는 경향이 있다.

또한 독선적 나르시시스트는 겉으로 봤을 때 강박적 성향으로 비춰질 수 있다. 매일매일 계획을 세워서 그 안에서 행동하고, 절대로 그 계획에서 벗어나지 않으려고 하며, 예기치 못한 상황이 생겨도 자신의 루틴을 꼭 지켜야만 하는 융통성 없는 모습을 보인다. 예를 들어 '새벽 기상 – 이른 취침'의 패턴을 항상 유지하며, 특정 영양소를 갖춘 건강한 음식들만 섭취하고, 집은 먼지 한 점 없이 깨끗해야 하는 모습을 보일 수 있다.

이러한 모습이 무조건 나쁘다는 얘기는 아니다. 다만 독선적 나르시시스트는 자신처럼 이렇게 강박적으로 계획성 있게 살지 않는 사람들을 무시하고 비난한다는 점이 문제다. 우리는 누구나 어쩌다 한 번쯤은 늦잠을 자고, 운동을 거르고, 패스트푸드도 먹고, 가만히 멍때리는 시간을 보낼 수 있다. 그런데 독선적 나르시시스트는 이를 전부 게으르고 무능한 것으로 치부해버리는 것이다.

또한 독선적인 나르시시스트는 자신의 계획이 틀어지는 상황을 극도로 혐오한다. 그래서 가족이나 가까운 친구 등이 갑작스러운 어려움에 처해서 도움을 요청하면 거절하면서, 상대방이 위급한 상황에 처한 사실보다 자신이 계획한 바를 하지 않게 된 정황을 훨씬 더 불편해한다. 자신과 '가까운' 누군가에게 도움을 주는 것보다 자신의 스케줄을 계획대로 유지하는 일이 더 중요한 것이다.

부모가 독선적 나르시시스트인 경우 자녀는 부모가 세운 규칙과 원칙을 엄격하게 따라야 하기 때문에 몹시 괴로울 수 있다. 독선적 나르시시스트 부모는 만약 자녀가 자신의 방식을 완벽하게 따라와 주지 않으면 자녀를 경멸하고 거부적인 태도를 보일 수 있다. 그 결과 자녀 또한 강박적이고 완벽주의적인 성향이 생겨서 자신이 조금이라도 정해진 원칙에서 벗어난 행동을 하게 될 때에 불안해할 수 있다.

정말 윤리적인가

그렇다면 과연 독선적 나르시시스트는 윤리적으로 다른 사람들보다 정말 고귀해서 이러한 모습을 보이는 것일까? 당연히 그렇지 않다. 우선 자신이 남들보다 도덕적으로 우월하다는 생각 자체가 과대 사고이고 겸손하지 못한 것이다. 또한 인격적으로 덜 성숙했다는 증거이다. 독선적 나르시시스트 역시 마음속 깊숙이 자리 잡고 있는 불안정한 자존감으로부터 기인하는 무능감을 겉으로 보여지는 도덕성, 종교적 우월감, 극도로 계획적이고 통제적인 생활 패턴으로 포장하고 있는 것이다.

독선적 나르시시스트는 도덕적인 우월감을 통해 관계 내에서 우위를 차지하려고 하기 때문에 과대형 또는 악성 나르시시스트 배우자들이 흔히 보이는 외도나 거짓말 또는 도박이나 알코올 중독 등의 문제 행동은 잘 보이지 않는다. 오히려 상대방이 조금이라도 도덕적으로 부족한 행동을 보이는지 매와 같은 눈으로 살핀다.

자신의 부모가 가정에 충실하지 않았거나 경제적으로 무능했던 경우 또는 과거의 연인이 바람둥이였던 경우에는 이러한 사람을 피하고자 독선적 나르시시스트를 선택하는 경우도 많다. 또 같은 종교를 지닌 배우자를 원하는 경우에도 종교적인 우월성을 보이는 상대가 매력적으로 보일 수 있다. 하지만 결혼 후 알게 되는 위와 같은 많은 특징들이 상대를 힘들게 한다.

Chapter 4

어떻게
자기밖에 모르는
사람이 되었는가

지나친 자기애에 빠지는 이유

지난 100여 년 동안 여러 저명한 정신분석학자들이 건강하지 않은 나르시시즘이 어떻게 형성되는지에 대해 연구하고 분석하여 제시한 바 있다. 가장 대표적으로는 지그문트 프로이트Sigmund Freud의 일차적 자기애와 이차적 자기애, 하인츠 코후트Heinz Kohut의 자기심리학에서 설명하는 자기애, 오토 컨버그의 병리적인 대상관계에서 기인하는 자기애 등 세 가지가 존재하는데, 각각의 내용에 대해 살펴보도록 하자.

자기애란 어떻게 형성되는가

프로이트의 자기애

먼저 프로이트는 아이들은 생후 초반에 모든 사랑과 관심, 에너지가 자신에게만 고정된 채 자신이 세상의 중심이라고 생각하고, 스스로를 완벽하고 전지전능하다고 여긴다고 설명한다. 따라서 자신이 주양육자를 포함한 외부 환경을 움직이고 조종할 수 있다고 믿는다. 그는 이러한 상태를 '일차적 자기애'라고 일컬으며, 이는 정상적인 발달 단계 중 하나로 본다.

그러나 아이는 점차 현실을 인지하게 되면서 자신이 전지전능하지 않다는 사실을 깨닫고, 스스로에게만 쏠려 있었던 사랑과 관심을 주위 사람, 특히 주양육자에게 주기 시작하면서 일차적 자기애 상태에서 벗어난다. 그런데 양육 과정에서 충분한 돌봄을 받지 못한 채 좌절을 경험하면, 아이는 주위에 돌렸던 사랑을 다시 자신에게 고정시키면서 '이차적 자기애' 상태가 되고, 이 상태가 지속되는 경우 건강하지 않은 나르시시즘으로 이어진다.

코후트의 자기애

코후트는 자기심리학에서 스스로 또는 주양육자가 전지전능하다고 믿는 아이의 정상 발달 단계로서의 비현실적인 과대성을 성인기의 건강한 나르시시즘으로 성공적으로 이행시키기 위해서는, 아이가 주양육자의 보호와 사랑이라는 지지적인 환경 속에서 감당할 정도의 적절한 좌절optimal frustration을 매일 조금씩 경험하면서, 자신과 주양육자가 전지전능하다는 믿음을 스스로가 서서히 내려놓게끔 해야 한다고 주장했다. 아이는 그 과정에서 좌절과 실망을 이겨 낼 수 있는 내적인 힘을 서서히 키워나가며, 궁극적으로는 어려움과 실패 앞에서도 스스로를 안심시킬 수 있고, 무너지지 않을 수 있는 강인함을 형성해 나간다. 그리고 성인이 되어서도 적절한 정도의 나르시시즘이 지속적으로 마음속에 자리 잡은 채 삶의 활력소로 작용한다.

그런데 만약 주양육자가 자녀에게 충분히 지지적인 환경을 제공해주지 못한다면, 즉 아이가 자신의 소중함을 인지할 수 없을 정도로 사랑을 주지 않고, 아이가 부모를 우러러볼 수 없을 정도로 부모가 바람직한 모습을 보이지 않으며, 충분한 교류의 부재로 자녀가 부모에게 친밀감과 유사성을 느끼지 못하는 경우, 자녀의 유아적이고 미성숙한 자기애 상태가 성인기까지 지속된다. 그래서 건강하지 않은 나르시시즘을 과하게 지니고 있는 성인 나르시스트를 아이의 심리적인 성장 단계에 머물러 있다고도 표현한다.

컨버그의 자기애

마지막으로 컨버그는 심리적으로 건강하기 위해서는 소중한 사람들과 긴밀히 소통하며 형성된 '감정이 스며든 기억'들이 마음속에

차곡차곡 잘 누적되어야 한다고 설명한다. 즉, 내 인생의 중요한 인물과의 대상관계가 잘 내재화되어야 하는 것이다. 그런데 태어나자마자 아이는 자신의 배고픔, 짜증, 공포심을 달래주고 필요한 것을 제공해주는 주양육자는 완벽하고 이상적인 존재로 인식하는 반면, 자신의 필요를 즉각적으로 해소해주지 않는 주양육자는 자신을 공격하고 고통을 초래하는 나쁜 존재로 인식한다. 아이는 실제로는 한 명인 주양육자를 좋고 나쁨의 극단에 존재하는 각각의 다른 개체로 분리하여 인지하고, 각 개체를 따로따로 마음속에 내재화시키며, 그 내재화된 좋고 나쁜 개체들을 기반으로 스스로에 대한 정체성 또한 형성해 나가기 시작한다. 자기 자신 또한 가치 있고 완벽하게 이상적인 존재, 또는 무섭고 부정적이며 용납할 수 없는 존재로 분리하여 인식하는 것이다.

그런데 시간이 지남에 따라 아이는 주양육자를 현실 안에서 반복적으로 경험하면서 양극단에 존재하고 있던 분리된 두 개체가 실제로는 하나임을 인지하면서, 마음속의 내재화된 양극단의 대상들을 현실적인 측면들과 함께 통합시키는 과정을 통해 건강한 자아 정체성 또한 형성시켜 나간다. 다시 말해, 건강한 정체성은 어린 시절 자기 자신과 상대방(주양육자)에 대해서 느끼는 긍정적(이상적)인 측면과 부정적(평가절하하는 가해적)인 측면, 그리고 현실적인 측면들이 모두 잘 통합되어야만 형성되는 것이다. 그리고 건강한 정체성을 형성하는 과정에서 우리는 다른 사람과 내가 서로 명확하게 구분된

별개의 개체이고, 나 자신도, 상대방도 좋은 점과 나쁜 점이 모두 함께 공존할 수 있는 총체적인 개체라는 것을 깨닫게 된다.

그런데 자녀의 정서와 욕구에 적절하게 충분히 반응해주지 않고 아이 입장에서 부정적이고 공격적인 측면이 두드러진 부모 아래에서 성장한 자녀는, 상대방(주양육자)의 부정적인 측면이 긍정적인 측면보다 압도적으로 크게 느껴져서, 건강한 정체성 형성에 필수적인 나와 상대의 양면적인 측면들의 통합이 이루어지지 않는다. 그 이유는 두 가지를 통합하려고 시도하면, 훨씬 더 막대한 부정적인 측면들이 긍정적인 측면들을 집어삼켜 버릴 것이라는 공포심을 아이가 느끼기 때문이다. 이에 긍정적(이상적)인 측면을 보호하고자 두 측면을 통합하는 대신에 계속 분리된 상태로 유지시키면서, 자신과 상대방을 전적으로 좋거나 전적으로 나쁜 존재로 분열시켜서 바라본다.

이와 같은 상태를 컨버그는 정체성 혼미identity diffusion 상태라고 칭하였으며, 이러한 통합되지 못한 정체성을 지닌 개인은 성인이 되어서도 자신과 남을 극단적으로 이상화하거나 평가절하하며 양극단을 혼돈스럽게 오간다. 이 때문에 스스로나 주변 인물(환경)을 현실적으로 직시하고 인지하는 것이 어렵고, 충동적이고 일관성이 없으며, 이는 불안과 혼란이 가득한 대인 관계와 사회생활로 이어진다.

그런데 이 상태에서 일부 개체들은 스스로의 불안정한 정체성을 보호하고 보강하기 위해 병리적인 과대 자기pathological grandiose self라는 심리적인 구조를 형성하며, 이 병리적인 과대 자기로 인해 자기 애성 성격이 점차 형성된다. 아이는 점차 병리적인 과대 자기 안으로 자신과 중요한 대상들의 긍정적이고, 힘이 세고, 이상적인 측면들만을 받아들이는 반면, 부족하고 나약하고 문제로 여겨서 받아들일 수 없는 부정적인 측면들은 평가절하하며 외부로 투사하고 배척해버린다. 온전한 대상관계를 마음속으로 받아들이려면 상대방의 긍정적인 측면과 부정적인 측면을 모두 받아들여야 하는데, 이들은 반쪽만 마음속으로 들이려고 하기에 대상관계들이 아예 자리를 잡지 못한다.

따라서 과대한 자기상만 남기고 나머지 자신의 취약한 측면과 중요한 인물과의 대상관계는 들이지 않는 이들의 내면 세계는 공허하다. 즉, 정서적으로 건강한 사람 안에 존재하는, 온전히 통합된 자아 정체성과 그 주위를 둘러싸고 있는 사랑하는 이들의 표상들로 구성된 내적 세계가 부재한 것이며, 인생 전반에 걸쳐서 접하게 되는 중요한 대상들과의 관계 또한 지속적으로 마음속에 들이지 않는다.

나르시시스트 성격의 뿌리

컨버그의 병리적인 과대 자기를 중심으로 형성된 통합되지 않은 정체성 관련 이론을 바탕으로 건강하지 않은 나르시시즘이 어떻게 생기는 것인지 이해했다면, 나르시시스트의 겉으로 드러나는 핵심적 성격 특성들의 기원에 대해서도 명확하게 인지할 수 있다. 즉 과대성, 우월감, 특권 의식 및 다른 사람들에게 느끼는 경멸은 자기 자신은 무조건적으로 이상화하는 병리적인 과대 자기와 상대방은 무조건적으로 평가절하고 배척하는 분열된 내적 세계의 산물이다. 공감 능력 또한 분열된 양극단의 대상을 통합시키는 능력을 통해 크게 강화되는데, 이런 통합 과정에 문제가 있는 나르시시스트는 공감 능력 부족이라는 특성을 띠게 된다.

또한 중요한 인물들과의 대상관계가 잘 내재화되지 않은 나르시시스트는 심리적인 지지를 얻고, 자존감의 높임을 받기 위해 건강한 사람들처럼 마음속의 대상관계들에게 기댈 수 없기에, 다른 사람들로부터 받는 즉각적인 관심과 찬사로 마음속을 채우려고 한다. 그러나 이러한 관심과 찬사는 대상관계처럼 영구적으로 마음에 남아 있는 것이 아닌, 순식간에 사라지는 것들이기에 나르시시스트는 지속적으로 공허함을 느끼고 자존감 조절의 어려움을 경험한다. 다시 말해, 내적인 대상관계로 채워져야 하는 마음속의 빈 공간을 나르시시스트들은 외부로부터 얻는 찬사로 채우려고 하지만, 다른 이들이 주는 피상적인 칭찬은 단기적으로만 마음속에 머물러 있다가 사라진다. 이에 내적인 빈곤에서 오는 공허감을 피하고 과대성을 확인받기 위해 지속적으로 다른 이들에게 관심과 찬사를 갈구하는 것이다. 그래서 나르시시스트는 끊임없이 다른 사람의 마음을 끌고, 주의를 집중시키고, 존경을 받기 위해 과도하게 시도하는 관심

추구적인 특성을 보인다.

나르시시스트들이 신체적인 아름다움, 재물, 권력 등의 외적인 요소에 지나치게 가치를 두고, 과대평가하고, 집착하는 특성도 비슷한 맥락에서 바라볼 수 있다. 내적인 대상관계들과 그로부터 오는 지지의 결핍으로 인해 느끼는 공허감, 불충분감, 열등감을 외적인 요소들로 채우고 보강해서 '나는 제일 아름답고, 부유하고, 권력이 있으니 부족함이 전혀 없어, 내가 최고야'라는 왜곡된 믿음을 붙든 채, 내적으로 경험하는 정서적 빈곤을 인식하고 맞닥뜨리는 것을 회피하는 것이다.

다른 사람들보다 죄책감이 결여된 측면도 컨버그의 병리적인 대상관계로 설명할 수 있다. 죄책감을 정상적으로 느끼기 위해서는, 마음속 양심을 담당하는 초자아가 제대로 형성되어야 한다. 초자아는 주양육자(주로 부모)가 제시하는 도덕적 가치관, 이상, 요구 사항, 금지 사항들을 자녀가 마음속으로 받아들이고, 그것을 토대로 통합된 가치 체계를 구축하는 과정에서 형성된다. 나르시시스트는 건강하지 않은 양육 환경에서 주양육자를 심리적으로 배척하기 때문에 그들의 가치관 또한 받아들이지 못하므로, 그 결과 초자아를 포함하여 내적인 가치 체계가 온전히 형성되지 못하고, 이에 죄책감을 잘 느끼지 않는다.

앞의 내용으로 건강하지 않은 나르시시즘이 왜 형성되는 것인지 이해했다면, '나르시시스트는 어떤 이유에서, 어떤 과정을 통해서 나르시시스트가 되는가?'에 대한 답이 어느 정도 나온다. 우리가 이 질문에 대한 답을 알아야 하는 이유는, 어떤 요소들이 나르시스트적 성향을 만드는 데 기여하는지 자세하게 알면, 상대의 성장 배경을 통해서 상대방이 나르시시스트인지 아닌지에 대한 판단을 내리는 데 도움이 되기 때문이다. 더욱 중요한 이유는 나르시시스트의 내면 세계의 기원을 잘 이해하고 있으면, 주변의 나르시시스트가 왜 특정 행동을 보이는지 그 이면을 파악하는 데 용이하며, 그 상황에서 어떻게 대처하면 되는지 더욱 뚜렷하게 판단할 수 있기 때문이다.

그의 예민함은 타고난 것인가

나르시시스트가 지니는 자기애성 성격 특성뿐 아니라 모든 성격 특성은 후천적인 양육 환경뿐만 아니라 타고난 기질에 의해서 영향을 받는다. 따라서 형제가 비슷한 양육 환경에서 자란 경우 한 명은 나르시시스트인데 다른 한 명은 그렇지 않은 이유도 기질의 차이로 어느 정도 설명될 수 있다.

태어난 직후의 아기들을 보면 개개인마다 타고난 선천적인 기질이 있음을 알 수 있다. 유독 더 칭얼대고, 잘 울고, 쉽게 진정이 되지 않는 아기들이 있는 반면, 순하고, 잘 웃고 전반적으로 다루기 쉬운 아기들이 있다. 유아기 아이들은 어느 정도 양육의 영향을 받은 상태이지만, 같은 부모 아래 자란 아이들 중에서도 확실히 더 공격적이고, 짜증이나 화를 더 잘 내고, 불안도가 높은 아이들이 있는가 하면, 수줍음이 많고 얌전한 아이들이 있다.

생물학적으로 선천적인 기질의 형성은, 유전적인 요소로 인한 특정 상황에서의 주요 뇌 부위들의 반응성 정도와 상호 작용 패턴에 영향을 받는 것으로 여겨진다. 그래서 배가 고프거나 기저귀가 젖거나 엄마가 안아주지 않았을 때 등 불편감을 느끼는 상황에서, 어떤 아기들은 다른 아기들보다 고통을 감지하고 부정적 정서를 자아내는 뇌 부위가 크게 반응하고, 강렬한 감정과 충동을 조절하여 안정감을 주는 뇌 부위가 덜 반응하여, 그 결과 다른 아기들보다 예민하고 격한 반응을 많이 보일 수 있다. 일부 연구에서도 성인 자기애성 성격 장애 환자들이 어린 시절 선천적으로 더 예민하고 쉽게 진정이 안 되는 기질을 보이는 경우가 상대적으로 더 많은 것으로 보고한 바 있다.

그러나 앞서 언급하였듯이, 이런 기질을 지닌 어린 자녀가 부모와 상호 작용할 때, 다른 순한 기질을 타고난 형제보다 부모로부터 조금 더 부정적인 반응을 불러일으킬 가능성 또한 높다. 아무래도 아이가 유독 지나치게 보채고 쉽게 진정이 안 되고 충동적이면 부모 입장에서도 짜증이 나거나 힘겨울 수 있고, 이런 부정적인 정서는 아이를 더 혼내거나 덜 반응해주는 등 아이를 대하는 태도에 반영될 것이다.

성격 자체가 DNA로 유전되는 것은 아니지만, 선천적인 기질로 대표되는 나르시시스트적 성향이 생길 취약성은 유전적인 요소가 어느 정도 작용하는 것으로 여길 수 있다. 그러나 무엇보다도 선천적인 기질과 환경의 상호 작용이 가장 중요하다. 생물학적으로 지나치게 민감한 기질을 타고난 아이들도 일관성 있게 안정적이고 지지적인 환경에서 성장하면 성인이 되어 건강한 성격이 형성될 수 있으며, 반대로 기질은 매우 유순하게 타고났어도 불안정하고 적대적인 환경에서 성장했으면 건강하지 못한 성격이 형성될 수 있다. 또한 생물학적 취약성과 함께 유해한 성장 환경이 서로 상호 작용하는 경우, 건강하지 않은 성격이 형성될 가능성이 가장 높다.

기질보다는 양육 환경

그렇다면 어떤 양육 환경에서 나르시시스트적 성향이 생길 수 있는 것인가? 우선 자기애성 성격뿐만 아니라 모든 종류의 성격적인 결함을 초래할 수 있다고 알려진 특정 양육 환경들이 존재한다. 불안정하고 혼돈스러운 가정환경 안에서 주양육자와 병리적인 애착관계가 형성되는 경우, 정신적 또는 신체적으로 외상적인 경험을 반복적으로 경험하거나 목격하는 경우, 주양육자와 자녀 사이에 정상적으로 존재해야 하는 경계선이 매우 모호하고 지켜지지 않는 경우, 주양육자가 만성적으로 예측 불가능한 언행을 보이는 경우, 그리고 충분한 교류의 부재로 인한 인지적인 자극의 결핍으로 인해 대인 관계 안에서의 상호 작용에 대한 명확한 인지가 생기지 않는 경우에는 다양한 성격적인 문제로 이어질 수 있다. 또한 이러한 환경 안에서 형성된 불안정한 정체성을 보완하기 위해 반대 급부적으로 나르시시스트적 특성으로 이어지는 심리 구조가 형성되는 것으로 여겨진다.

주양육자 측에서 충분한 정서적, 신체적 돌봄이 가능하지 않은 몇 가지 구체적인 예를 들자면, 본인이 자기애성 성격을 포함하여 특정 성격적인 결함이 있어서 자녀와의 깊이 있는 교감에 큰 어려움이 있는 경우, 심한 우울증이나 알코올 중독 등의 정신과적 문제가 있는데 적절한 치료와 도움을 받지 못해서 증상이 지속되는 경우, 중한 신체적 질병이 있어서 육체적으로 원활한 돌봄이 불가능한 경우, 또 주양육자와 자녀가 장시간 물리적으로 분리된 경우이다. 또 사회 문화적인 요소로 지나치게 권위적인 집안 분위기에서 부모와 자녀 사이에 친밀하고 솔직한 상호 교류가 허용되지 않고, 성별이나 태어난 순서에 따른 자녀 간 차등이 눈에 띄게 있었던 경우도 들 수 있겠다.

그러나 이런 양육 환경이라고 반드시 자녀들에게 불안정한 정체성이 형성되는 것이 아니고, 불안정한 정체성이 모두 나르시시스트적 성향으로 이어지는 것은 아니다. 오히려 순탄하지 않은 양육 환경 안에서 더욱 마음이 견고하고 인내심이 강하고 성숙한 자녀들이 얼마든지 생길 수 있다. 다만 각각의 경우 자녀에게 나르시시스트적 성향이 생길 가능성이 높다는 의미이다.

미러링의 부재

나르시시스트는 많은 경우 양육 과정에서 미러링mirroring이라는 과정이 제대로 이루어지지 않은 것으로 알려져 있다. 미러링은 말 그대로 부모가 아이의 감정 상태를 거울처럼 반영해주고 비추어주는 행위를 말한다. 태어난 직후의 아기들은 주변 사람, 사물, 그리고 스스로의 감정조차 제대로 인지가 되지 않는 상태이다. 그래서 아기가 울거나, 웃거나, 옹알이를 할 때, 주양육자가 아이의 감정 상태를 인지해주고, 같이 웃으면서 반응해주며 정교하게 아이의 감정 상태를 비추어주면, 즉 미러링을 해주면, 아이의 미숙한 심리 세계가 부모의 성숙한 심리 세계와 상호 작용을 하면서 아이가 자신의 내적 세계를 키워나간다. 주양육자 측에서 아이의 자기주상, 소통하려는 바를 더욱 정교하게 통합해서 아이에게 다시 반영해주고, 이런 과정들이 반복되면서 아이는 스스로의 심리 세계에 대한 이해가 깊어지고, 점차적으로 건강한 정체성이 형성되는 것이다. 그런데 주양육자의 충분한 공감적인 반응 결여로 인하여 정상적인 미러링이 이루어지지 않은 경우에는 아이의 온전한 자아정체감 형성에 문제가 생긴다.

부모가 나르시시스트면
자녀도 나르시시스트일까?

부모가 나르시시스트이면 자녀도 나르시시스트가 될 확률이 높을
까? 이 질문에 대한 대답은 "높다"이다. 그러나 부모가 나르시시스
트라고 자녀가 모두 나르시시스트가 되는 것은 아니다. 오히려 나
르시시스트 부모 밑에서 정반대의 공감 능력이 뛰어나고 배려심이
깊은 자녀들이 생기는 경우도 있다. 다만, 나르시시스트 부모의 성
격 특성으로부터 기인된 특정 양육 방식으로 인하여 자기애성 성격
특성을 강하게 지닌 자녀가 생길 확률이 높다는 것이다.

냉담한 부모

나르시시스트 부모는 많은 경우 자녀들에게 정서적으로 냉담하고 동떨어져 있는 느낌으로 대한다. 이에 어린 자녀는 자신에게 무관심하고 차가운 부모의 관심을 끌기 위해 외적 기술들을 연마할 수밖에 없는 상황에 놓이게 된다. 외적 기술에는 외모를 잘 가꾸거나 운동이나 공부를 아주 잘하거나, 다른 예술 분야에서 두각을 나타내는 것 등이 포함된다. 이러한 경우 자녀는 내적으로는 결핍되어 있고 외적으로는 지나치게 발달되어 있는, 상반되는 두 상태가 공존하기 때문에 매우 혼란스러울 수 있다.

이러한 혼란스러움을 잠재우기 위해 부모의 역할 부족으로 인해 발달시키기 어려운 내적 요소는 중요하게 여기지 않고, 본인이 혼자서라도 발달시킬 수 있는 외적 요소에 과하게 비중을 둔다. 자신에게 없는 것이 중요한 것이 아니라면 아무 문제가 되지 않기 때문이다. 이에 자녀는 '나는 외모도 빼어나고, 공부나 운동, 예술에도 뛰어나는 등 누구에게나 칭찬받을 요소가 많으니까 부족함이 없어'라는 외적 측면에 대한 과대성을 붙든 채, 실제로는 상당한 내적 결핍감을 경험하고 있는 현실을 부정한다. 이러한 외적 요소에 대한 맹목적인 비중두기와 과대 사고가 성인기에도 이어져 외모나 돈, 권력 등의 물질적인 조건으로 자신의 내적 결핍을 점차 두껍게 포장해서 감춘다.

그러나 그 누구도 감정적으로 취약해지고 자존감의 타격을 입는 상황을 영원히 피해 갈 수는 없다. 즉 경쟁에서 지는 상황, 원하는 것을 얻지 못하는 상황, 대인 관계 내에서 거절받는 상황을 반드시 경험하게 된다. 이에 나르시시스트가 이와 같은 좌절을 마주하였을 때 외적인 측면에 대한 과대성이라는 갑옷의 일부분이 찢어지고 내상이 드러나는데, 나르시시스트는 갑옷을 벗고 자신의 내상을 자세히 들여다보느니, 더욱 두껍게 갑옷을 때우고 자신은 아무런 내상이 없는 듯이 전진하고 싶은 것이다. 그래서 자신에게 내적인 결핍과 취약함이 있다는 사실 자체를 계속 부정한다. 즉 앞서 언급하였듯이 나르시시스트는 자신이 뛰어난 부분과 부족한 부분, 양면이 모두 존재한다는 것을 받아들이지 못하고 이런 상반되는 측면들을 통합하지 못하는 것이다.

열혈 부모의 두 얼굴

자녀들에게 올인하는 것처럼 보이는 부모들, 즉 좋은 학교에 열성적으로 입학시키고, 전 과목 과외를 시키며, 여러 운동을 배우게 하면서 모든 경기를 따라다니는 등 맹목적인 모습을 보이는 부모들도 나르시시스트적 성향이 강할 수 있다. 그리고 이러한 부모 밑에서 성장한 자녀들도 마찬가지로 외적인 요소만을 중요시하는 나르시시스트적 성향이 형성될 수 있다. 이러한 부모 유형은 앞서 언급한 냉담하고 무관심한 나르시시스트 부모와 정반대인 것처럼 보일 수 있으나, 이 두 유형의 부모가 실제로는 내면의 심리가 비슷할 수 있다. 또한 두 가지 유형 모두 자녀에게 나르시시스트적 성향을 강하게 심어줄 수 있다.

나르시시스트 유형도 여러 개가 존재하듯이, 나르시시스트 부모들도 각기 특성에 따라 전혀 다른 양육 태도를 보일 수 있다. 특히 과대형 나르시시스트 부모는 자녀의 외적인 성과를 부추기는 행위에 더욱 적극적으로 가담할 수 있다. 이러한 이유는 자식이 그만큼 성과를 내면 부모의 이미지가 올라가는 것이고, 또 자신이 이만큼 '자녀에게 잘하는 좋은 부모'라는 것을 보여주는 좋은 기회이기 때문이다.

물론 이런 행동을 하는 부모가 모두 나르시시스트라는 것은 절대로 아니다. 자녀의 진정한 행복을 위해서 자녀들의 일에 적극적으로 가담하는 부모들도 얼마든지 있다. 그런데 나르시시스트 부모의 문제는 이런 보이는 행위에는 적극적으로 가담하는데 정작 자녀가 감정적으로 부모를 필요로 할 때, 예를 들어 친한 친구와 다투었거나, 학교에서 기분이 좋지 않은 일이 생겼거나, 부모가 부부싸움을 해서 무섭고 불안할 때, 자녀가 내적으로 경험하는 감정에는 관심이 없다는 점이다. 따라서 아이가 부모가 강요하는 여러 활동을 소화해내기 버거워하면서 "힘들다"고 표현할 경우 자녀의 감정에 전혀 공감을 해주지 않는다. 또한 자녀에게 이만큼 많은 시간과 에너지, 비용을 투자했는데 원하는 결과가 나오지 않으면, 자녀에게 매우 냉담한 모습을 보이는 등 돌변할 수 있다. 즉, 철저하게 조건적인 사랑을 주는 것이다. '네가 엄마 아빠가 원하는 만큼의 성과를 보여주면 우리는 너한테 엄청난 '사랑'과 관심을 보일 테지만, 우리 기대에 부응하지 못하면 너는 아웃이야'라는 무언의 메시지를 자녀에게 지속적으로 주입하는 것이다. 부모가 내적인 요소가 아닌 외적인 요소로만 자신을 판단하는 상황이 지속될 경우 자녀 역시 외적인 요소만을 중요시하는 나르시시스트적 성향이 점차 강화될 수 있다.

"오냐오냐"의 위험성

자녀들에게 지나치게 허용적인 태도로 일관하는 부모들도 또 다른 측면에서 자녀의 나르시시스트적 성향을 키울 수 있다. 나르시시스트 부모는 자녀들에게 자신의 과대성을 투사하는 경우가 많다. 자식을 자신의 연장선상narcissistic extension으로 바라보는 것이다. 따라서 스스로에 대한 과대 사고로 인해 자신을 잘난 존재로 여기다 보니, 본인의 자녀도 덩달아 이상화하여 완벽한 존재로 바라보고 자녀에게 아무런 결점이 없는 것처럼 행동할 수 있다. '우리 아이가 최고야', '너는 정말 완벽해'라는 사고방식을 기반으로, 아이의 그릇된 행동에 대한 아무런 훈육도 없이 자녀가 요구하는 것은 좋든 나쁘든 모두 허용한다. 이 과정에서 아이의 비현실적인 과대성이 점차 더 부풀려진다. 그런데 원래 부모의 역할은 자녀의 부족한 부분을 알아차리고, 이를 극복하도록 격려해주고 지도해주는 것인데, 아이에게 아무런 결점이 없는 것처럼 대하면, 부모가 자신에게 주어진 역할을 제대로 수행하지 못하는 것이다.

이렇게 부모가 자신을 완벽한 존재로 바라보고 본인도 그렇게 믿는 경우라도 성장하는 과정에서 항상 다른 사람보다 더 뛰어날 수는 없다. 이때 비현실적인 과대성이 자리 잡고 있는 아이는 자신이 우월하지 않다고 느끼는 상황에서 무능감을 경험한다. 그리고 무능감에서 오는 부정적인 감정을 경험하고 싶지 않은 아이는 자신의 부족한 부분들을 외부로 투사하고, 자신과 경쟁한 애꿎은 상대방을 부정적으로 바라보고 적대적으로 행동할 수 있다.

또한 우리는 성장하는 과정에서 적절한 정도의 좌절감을 반복적으로 경험하며 점차 인내하는 방법을 배우게 된다. 내가 하고 싶은 것, 갖고 싶은 것이 있어도 항상 내 뜻대로 상황이 흘러가는 것이 아니라는 사실을 몸소 체험하면서 배운다. 그런데 아무런 한계 설정 없이 모든 것을 허용해주는 부모 밑에서 성장한 자녀는 인격적인 성숙에 꼭 필요한 적절한 좌절감에 대한 경험이 부족하다 보니, 좌절 자체에 대한 저항력이 상당히 약해진다. 나르시시스트들이 성인이 되어서도 자신이 원하는 대로 상황이 흘러가지 않으면 감정 조절을 못하고 못 견뎌 하는 이유도 이러한 저항력이 부족하기 때문이다.

보고 배우는 것 또한 무섭다. 자라면서 늘 나르시시스트 부모가 다른 사람들을 고압적으로 대하고 무례하게 행동하는 것을 지켜보면서 성장한 자녀들은 이러한 행동 패턴을 저절로 습득하게 된다. 생물학적으로 뇌가 계속 발달하며 성장하는 소아청소년기 시기에는 부모의 사고방식과 행동 양상이 그대로 자라나는 뇌에 깊숙이 각인될 가능성이 높다. 따라서 이 시기 동안에는 더욱더 사회에서 특권 의식을 부리지 않고, 필요한 규칙은 따라야 하며, 자신의 순서를 기다려야 하고, 다른 사람에게 양보할 줄 알아야 하며, 자신이 세상의 중심이 아니고 다른 사람들도 이 세상에 공존하기에 남을 배려해야 한다는 것을 습득시켜야 한다.

이번 장에서는 어떤 원인들로 인해 나르시시스트의 건강하지 않은 심리와 특성이 형성되는 것인지에 대해 자세히 다루었다. 이런 원인에 대한 정확하고 자세한 인지가 있어야 현재 나에게 고통을 주고 있는 상대방이 나르시시스트인지 아닌지, 또 만약 그렇다면 어떤 건강하지 않은 측면들이 어떻게 자리 잡고 있는지 더 잘 파악할 수 있게 되며, 그에 따라 상대에게 대응하는 방법도 더 현명하게 선택할 수 있다.

그런데 역으로 이러한 인지가 건강하지 않은 방향으로 작용할 때가 있다. 주변 나르시시스트의 과거 성장 배경을 알게 된 후 연민을 느껴서 현재 건강하지 못한 행동들을 부적절하게 변호해주는 경우를 들 수 있다. 물론 나르시시스트 본인도 주양육자로부터 피해를 받은 것이며, 나 또한 나르시시스트적 성향이 강한 사람을 환자로 만나면 충분한 공감을 통해 성심성의껏 치료를 진행한다. 나를 꾸준히 찾아오는 사람은 고통스럽지만 자신의 문제에 대해 인지하려 하고, 변화를 위해 부단히 노력하고 있기 때문이다. 그러나 아쉽게도 그렇지 못한 나르시시스트들이 훨씬 더 많다.

자신이 과거 큰 상처를 받았다고 해서, 그것이 나중에 자신이 다른 사람들에게 상처를 주는 행위를 정당화시켜 주는 것은 절대로 아니다. 과거 비참한 양육 환경에서 자랐음에도 불구하고, 아픔과 상처를 승화해서 다른 사람들에게 더욱 따뜻하고 사랑을 베푸는 사람들도 분명히 존재한다. 주변에 자신을 괴롭히는 나르시시스트의 가혹한 성장 환경을 알고 나서 어느 정도 연민은 느낄 수 있겠지만, 상대방이 그런 과거사가 있다고 해서 자신에게 보이는 학대적인 행동들을 수용해서는 결코 안 된다. 상대 나르시시스트가 상처를 받은 영혼이라고 내가 그의 펀칭백이 되어줘야 할 의무는 없다.

Chapter 5

그들의 가족을
들여다보면

나르시시스트가 아닌 부모

정서적으로 건강한 가정 아래에서 태어나 충분한 사랑과 돌봄을 받으며 성장한 사람은 '가족'을 보살핌과 안식처 등의 따뜻한 느낌의 개념과 연결시킨다. 그러나 모든 사람이 그런 행운을 경험하는 것은 아니다. '가족'이라는 단어를 들으면 아픔과 분노 등의 어두운 감정이 일어나는 사람들도 많다. 그리고 그 상처 뒤에는 나르시시스트 가족 구성원이 존재하는 경우가 많다.

정서적인 문제로 내원하는 환아 중에는 부모 중 한 명은 나르시시스트적 특성이 강한 경우가 많다. 부모가 모두 나르시시스트인 경우에는 자녀가 극심한 우울증이나 자해 행동 등의 정신과적 증상이 더욱 심각할 수 있다. 그나마 부모 중 한 명이 나르시시스트가 아닌 경우, 건강한 부모가 자녀에게 어느 정도 안전망 역할을 하면, 자녀에게 건강한 측면들이 양성되어 현재의 어려움을 극복하는 데 도움이 된다. 결국 나르시시스트가 아닌 부모가 나르시시스트 배우자에 대한 인식이 얼마나 있는지, 또 나르시시스트 배우자와 자녀 중간에서 어떤 자세를 취하는지가 자녀들에게 큰 영향을 미친다.

나르시시스트가 아닌 부모로부터도 충분한 보호를 받지 못하며 성장한 자녀들은 성인이 되어 나르시시스트와 가족 상황에 대한 명확한 인지가 생기면, 나르시시스트가 아닌 부모에 대해 양가감정이 생길 수 있다. 평생 나르시시스트 배우자에게 정서적 학대를 당해 왔음을 알기에 연민의 마음이 들고 현실적으로 헤어지지 못했던 이유에 대해서도 어느 정도 이해는 되지만, 동시에 어린 자신을 보호 해주지 못했다는 원망과 분노의 감정 또한 느낄 수 있다.

자녀들에게 가장 상처가 되는 경우는 나르시시스트가 아닌 부모 가 나르시시스트 부모에게 문제가 있다는 것을 의식적으로 인지하 지 않는 경우다. 오랜 기간 같이 살면서 나르시시스트 배우자에게 건강하지 않은 측면들이 있다는 것을 왜 못 느끼겠는가. 자신도 배 우자의 적대적인 측면들로 인해 괴롭지만 그가 없이는 제대로 살 수 없고 외로울 것이라는 불안감과 의존성, 상대에 대한 왜곡된 연 민, 그리고 자신이 언젠가는 변화시킬 수 있다는 헛된 희망으로 인 하여, 나르시시스트 배우자가 자녀들에게 주는 부정적인 영향을 외면하고 부정하는 것이다. 그들은 오히려 자녀들 앞에서 배우자를 두둔하는 입장을 취하기도 하는데 그럴 경우 자녀 입장에서는 상처가 몇 배로 커진다. 자녀는 나르시시스트 부모의 건강하지 않은 태도가 정상이고, 힘들어하는 자신이 문제인 양 받아들일 수 있다.

또 나에게는 너무 소중한 나르시시스트가 아닌 부모가 나르시시스트 부모로 인해 고통받는 것을 지켜보는 것은 자녀들에게 고문이다. 그리고 어떤 자녀들은 자신이 어린아이였음에도 불구하고 나르시시스트가 아닌 쪽 부모를 보호해주지 못했다는 것에 대한 죄책감을 느낀다. 자녀가 성인이 되어 분가한 후에도, 여전히 나르시시스트 배우자와 함께 불행하게 사는 부모를 지켜보면서 안타까움과 연민을 느낀다. 그러나 동시에 부모의 선택이 이해되지 않고 매우 답답함을 느낀다. 또 자녀들이 나르시시스트가 아닌 부모와는 관계를 유지하고 싶어도, 그러기 위해서는 함께 사는 나르시시스트 부모도 불가피하게 계속 마주해야 하기 때문에, 어쩔 수 없이 나르시시스트가 아닌 부모도 함께 거리를 두는 경우도 많다.

원가족 내에서 일어났던 모든 상황과 이후 지속된 가족 관계 양상은 지속적으로 나의 현재 생활에 영향을 미친다. 물론 궁극적으로 내가 더 이상 나르시시스트 부모에게 연연하지 않고 자유해지는 단계까지 이르는 것이 최선이다. 그러나 그 단계까지 나아가기 위해서는 충분히 나의 상처받은 부분을 돌아보고 돌보는 과정이 필요하다. 그래서 치유의 일환으로 자녀들이 나르시시스트가 아닌 부모에게 어렸을 적 자신의 경험과 그로 인해 느낀 감정을 공유하기도 한다. 그때 부모가 자신이 과거에 했던 선택이나 행동에 대한 방어나 변명 없이, 자녀의 얘기를 충분히 들어주고 고통을 알아주며 공감해주는 모습을 보이면, 자녀 입장에서는 수년간 축적되어 온 양가감정과 죄책감의 일정 부분이 해소되기도 한다.

나르시시스트 부모의 자녀들

나르시시스트는 모든 인간관계를 자신의 필요에 근거해서 맺어 나가는데, 심지어 자녀들과도 자기중심적으로 관계를 이어 나간다. 즉, 어린 자녀에게 자신을 맞추는 것이 아니라, 자신이 필요한 것을 자녀가 제공해주도록 특정 역할을 맡게 하고 그에 상응하게 행동하도록 강요한다. 나르시시스트 부모 아래 자녀들의 역할은 크게 스케이프고트Scapegoat, 골든 차일드Golden Child, 인비저블 차일드Invisible Child 또는 로스트 차일드Lost Child, 트루스 텔러Truth Teller 유형들이 존재한다. 자녀들은 여러 개의 역할을 중복해서 맡기도 하고 성장 과정에서 역할이 바뀌기도 한다. 성인이 되어 본인이 나르시시스트가 된 당사자도 어린 시절 나르시시스트 부모 아래에서 성장한 경우, 이 역할 중 하나를 맡았을 것이다.

어린 시절 맡겨진 암묵적인 역할이 자녀들이 성인이 되어 맺는 중요한 관계 안에서 재현되는 경우가 많다. 예를 들어 어렸을 때 나르시시스트적 가족 구조 내에서 주로 스케이프고트 역할을 맡았던 자녀는, 나중에 부부 관계 안에서도 스케이프고트 배우자 역할을 하고 있을 가능성이 높다. 이에 내가 어떤 자녀 유형이었는지, 그로 인해 어떤 무의식적인 심리들이 형성되었는지 알아야지만, 현재 나의 생활에 좋지 않은 영향을 미치고 있는 나 자신의 특성들을 변화시킬 계기가 마련될 수 있다.

가여운 스케이프고트 자녀

나르시시스트는 자신의 부정적인 감정을 풀 수 있는 대상, 즉 자신의 펀칭백 같은 존재인 스케이프고트*가 필요하다. 같은 맥락에서 나르시시스트 부모에게는 스케이프고트 자녀가 존재하는 것이다.

나르시시스드 부모는 자신의 결함을 자녀에게 투사해서 부정적

---

* 스케이프고팅(scapegoating)을 당하는 대상. 누군가를 스케이프고팅한다는 것은 모든 잘못에 대한 탓을 돌리면서 그 대상을 원망하고 비난하는 것이며, 스스로의 책임은 회피하는 것이다.

인 감정들이 자녀 때문에 생기는 것인 양 행동한다. 예를 들어 나르시시스트 부모가 사회적으로나 경제적으로 잘 나가지 못해서 자격지심을 늘 느끼고 있는 상황에서, 자녀 중 한 명이 부모가 원하는 만큼의 학교 성적을 받지 못했다고 가정해보자. 나르시시스트 부모가 학부모 회의에 참석했는데 성적이 좋은 자녀의 부모들 앞에서 큰 소리를 못 내는 상황이 오면 그가 원래부터 지니고 있었던 자격지심이 더욱 자극되고, 집에 와서 자녀를 비난하기 시작한다.

"네가 공부만 잘했어도 내가 어깨를 펴고 다니는데, 네가 성적이 이 모양이니까 내가 기를 못 펴고 사는 거 아냐. 도대체 커서 뭐가 되려고 성적이 이따위야."

스케이프고트 자녀는 부모의 가스라이팅과 정신적, 신체적 학대의 대상이 되다 보니 매일매일을 살얼음판 걷듯이 불안한 마음으로 나르시시스트 부모의 눈치를 살피며 보낸다.

스케이프고트 역할은 나르시시스트 부모의 왜곡된 시선으로 바라봤을 때 더 약하거나 만만해 보이는 특성을 지닌 자녀가 주로 선택된다. 예를 들어, 다른 형제들보다 더 온순하고 침착한 자녀는 나르시시스트 부모의 공격에도 그만큼 반격하지 않기에 펀칭백 용도로 활용하기 더 적합할 수 있다. 또 자녀가 선천적으로 공감 능력이 뛰어나고, 배려심이 깊고, 이타적인 성향인 경우도 마찬가지다.

다른 한편, 나르시시스트 부모에게 위협적으로 느껴지는 자녀, 즉 부모보다 똑똑하고 남들에게 인정과 관심을 더 받는 자녀 또한 스케이프고트가 될 수 있다. 특히 취약한 나르시시스트 부모 같은 경우 자신이 평소 저지르는 우둔한 행동에 대해 자녀가 비판적으로 바라보고, 자신보다도 더 성숙하고 합리적인 판단을 하는 것 같으면 무능감이 자극되어 자녀가 눈엣가시가 될 수 있다.

나르시시스트적 성향이 강한 부모는 '너는 부족한 아이다', '너만 태어나지 않았어도 지금처럼 불행하지 않았을 것이다'라는 메시지를 직간접적인 언행을 통해 스케이프고트 자녀에게 주입시킨다. 또한 다른 가족 구성원에게도 특정 자녀를 스케이프고팅하는 데에 동조할 것을 암묵적으로 조장한다. 이런 경우 다른 자녀들 입장에서는 나르시시스트 부모가 가장 막강한 존재이기 때문에, 부모에게 복종하며 괴롭힘에 가담한다.

한편으로는 스케이프고트 형제가 안된 마음이 들 수 있지만, 자신이 부모의 스케이프고트가 되지 않기 위해서 특정 형제자매가 그 역할을 지속하도록 조장하는 것이다. 스케이프고트 형제자매가 타고난 자질이 좋기까지 하면 질투의 감정까지 더해져서 괴롭히는 수위가 더욱 높아지기도 한다. 그래서 한 가족 내에서 차별을 당하는 자녀와 당하지 않는 자녀가 명확하게 분리되는 경우에는 형제 사이에서도 심각한 갈등이 초래될 수 있다.

아무리 타고난 기질이 출중해도 지속적으로 스케이프고팅을 당하며 성장하는 자녀는 심리적으로 불안정해질 수 있다. 가장 가깝고 신뢰할 수 있어야 할 부모와 형제들로부터 지속적으로 비난을 받으면, 자존감이 떨어질 수밖에 없기 때문이다. 이로 인해 일부 스케이프고트 자녀들은 본인 역시 강한 나르시시스트적 특성을 형성하기도 한다. 또한 스케이프고트 자녀들이 성인이 되어서까지 부모가 나르시시스트여서 자신들의 부정적인 감정을 부당하게 풀기 위해 그동안 자녀들에게 정서적인 학대를 행한 것이라는 사실을 인지하지 못하면, 스스로의 결함으로 인해 부모에게 천대를 받아온 것이라고 믿게 된다. 그리고 이러한 왜곡된 믿음이 자녀의 전반적인 대인 관계에 악영향을 끼친다.

성인이 된 스케이프고트

사람들에게는 초기 외상적인 경험을 무의식적으로 재현함으로써 그 경험에서 받은 트라우마를 극복하려는 심리가 존재하며, 이를 반복 강복이라고도 표현한다. 나르시시스트 부모로부터 정서적 학대 수준의 양육을 경험한 스케이프고트 자녀들도 이 심리에 의해서 또다시 건강하지 않은 관계들을 반복할 가능성이 높다. 예를 들어 부모와 유사한 특성을 지닌, 나를 진정으로 사랑해주지 않을 정서적으로 냉담한 사람을 연인과 같은 중요한 타인으로 선정하여, 끊임없이 상대에게 관심과 사랑을 갈구한다. 그리고 상대가 보이는 보잘것없는 작은 애정의 표시를 확대 해석하여 받아들이며, 자신이 사랑받기 마땅한 사람이라는 것을 확인하려고 든다. 그런데 사랑을 줄 수 없는 사람에게 사랑을 요구하는 것이다 보니 결국 그 관계는 자신에게 큰 상처로만 남게 된다.

자신에게 큰 고통과 피해를 초래하는 관계를 여러 번 반복하다 보면, 근본적으로 내 안에 무언가 잘못되었다는 것을 서서히 인식하기 시작하는 경우가 있다. 그런 인식이 스스로를 돌아보고, 동시에 내 심리의 뿌리인 나르시시스트 부모를 포함한 원가족을 객관적으로 바라보는 계기가 된다. 그리고 그제야 내가 성인이 되어서도 나르시시스트 부모와 유사한 성향을 가진 사람들을 선택하며 자기 비난을 지속해왔음을 깨닫는다.

따라서 스케이프고트로 성장한 자녀들은 자신이 어린 시절 부모로부터 받은 차별 대우와 정서적 학대가 나르시시스트 부모의 스케이프고팅이라는 것을 반드시 인지해야 한다. 즉, 어린 시절 부모가 나에게 보인 행동들은 나의 잘못이나 문제로 인하여 초래된 행동들이 아니라는 것을 깨달아야 한다. 오히려 자신이 심리적으로 건강한 측면들이 더 많아서 나르시시스트 부모의 잘못된 요구사항을 들어주지 않은 것이지, 부족해서 들어주지 못한 것이 아니라는 사실을 반복해서 스스로에게 각인시키는 것이 중요하다. 나는 이전부터도 충분히 좋은 존재였고, 내가 당한 비난과 책망은 정서적으로 성장을 멈춘 니르시시스트 부모가 자신의 부족함과 불안정함을 내게 투사한 것임을 알아야 한다. 이런 깨달음이 나르시시스트 원가족으로부터 적절한 거리 두기를 할 수 있는 원동력이 되기 때문이다.

그런데 아무리 원가족에 대한 확실한 인지가 생겼음에도 불구하고 나르시시스트 가족 구성원들과의 관계에서 자유해지는 것이 힘들게 느껴진다면, 아직 그런 변화를 주기에 내 마음이 충분히 건강하지 못한 상태일 가능성이 있다. 이런 경우 나르시시스트적 가족 구조에 대한 깊이 있는 이해를 지닌 전문가와 치유의 길을 함께 걷는 것도 좋은 방법이 되겠다.

상처가 능력으로

스케이프고트 자녀들은 어렸을 때부터 부당한 비난과 가혹 행위를 피하고 그나마 가족 내의 평정을 유지하기 위한 노력으로, 늘 나르시시스트 부모의 눈치를 보고 자신의 욕구나 감정보다 부모나 다른 형제들의 욕구를 우선시해야만 하는 환경에서 자랐다. 이에 그들은 성인이 되어서도 다른 사람들의 감정을 세심하게 살피는 성향이 강하게 자리 잡고 있는 경우가 많다. 이런 성향이 건강하지 않은 관계 내에서는 악용될 수 있으나, 건강한 사람들과의 관계 안에서는 그 가치를 인정받는 소중한 자질이다.

스케이프고트 자녀들이 정서가 건강한 상대와 새롭게 관계를 맺고 사랑을 경험하며 자신의 가치를 깨닫는 경험을 하거나, 치료 관계 안에서 확실한 인지가 생기면서 자기 비난을 멈추게 될 때 진정으로 강건한 개체로 성숙해가는 경우가 많다. 나르시시스트 부모로 인해 초래된 외상적인 경험에서 온 상처들을 치유하고 극복한 스케이프고트 자녀들만큼 남의 고통과 아픔을 잘 이해하는 사람은 없다. 이에 자신이 과거 왜곡된 성장 환경을 경험할 수밖에 없었던 상황에 의미를 부여하면서, 다른 고통받는 이들을 가장 잘 지지해주고 옹호해주며, 사회에서 만나는 주위의 나르시시스트들로부터 다른 이들을 보호해주는 중요한 역할을 담당하는 경우도 많다. 큰 상처를 경험하고 이를 극복하는 과정에서 경이로운 성장을 한 스케이프고트 자녀들이야말로 주변 이들에게 더욱 많은 공감과 따뜻함을 선사하는 사람들이 될 수 있다.

사랑을 독차지하는 골든 차일드

나르시시스트 부모의 사랑을 독차지하는 자녀가 바로 골든 차일드이다. 부모의 모든 관심과 찬사, 그리고 시간과 자원이 골든 차일드에게 할애된다.

　나르시시스트 부모가 골든 차일드를 선택하는 기준은 몇 가지가 있는데, 먼저 자신을 가장 빛내줄 자녀이다. 즉, 외모가 출중하거나, 공부나 예체능에 뛰어나 사회에서 칭찬받을 요소가 많은 자녀이다. 어떤 경우에는 자신을 가장 닮은 자녀 또는 자기 말을 무조건적으로 잘 따르고 자신을 하늘처럼 여기는 자녀를 골든 차일드로 선택한다. 또는 사회문화적인 요소로 태어난 순서와 성별에 따라서 골든 차일드가 정해지기도 한다.

나르시시스트 부모는 골든 차일드를 자신의 연장선상으로 여기며 본인의 우월함이 자녀에게 반영되었다고 생각하기에, 주변 사람들이 자녀에게 하는 칭찬을 자신에게 향한 것인 양 받아들인다. 그래서 골든 차일드에게는 부모의 자기애적 욕구를 충족시키는 서플라이 역할이 지속적으로 요구된다.

골든 차일드는 어렸을 때부터 특별 대우를 받고, 집안 전체가 골든 차일드 위주로 돌아간다. 예를 들어 가장 큰 방을 혼자 쓰거나, 옷과 물건도 가장 좋은 새것을 사용하고, 영양가 높고 맛있는 음식도 우선적으로 먹으며, 사립학교나 고액 과외 등의 혜택을 혼자서만 누린다. 그래서 이러한 골든 차일드는 무조건 다 행복할 것이라고 생각하는데, 절대 그렇지 않다.

골든 차일드 중 본인에게 나르시시스트적 성향이 강하게 자리 잡는 경우가 있는가 하면, 정서적으로 비교적 건강하게 성장하는 경우도 있다. 기질적으로 공감 능력이 높고 마음이 따뜻한 골든 차일드는 자신만 편애를 받고 있다는 것을 인지하면서 아주 어린 나이에서부터 죄책감을 갖거나 다른 형제자매로부터 소외당하는 느낌을 받을 수 있다. 그래서 그들은 부모가 다른 형제자매들에게도 잘 대해 주게끔 하려고 나름 노력하기도 한다.

나르시시스트 부모는 골든 차일드에게 모든 것을 쏟아부으며 지나친 기대감을 지속적으로 주며 압박을 가한다. 골든 차일드는 자신이 좋은 성과로 부모를 빛내주지 못하면, 자신도 한순간에 스케이프고트가 될 수 있다는 두려움을 경험할 수도 있다. 자신이 나르시시스트 부모에게 받고 있는 사랑이 조건적이라는 점을 감지하는 것이다. 또한 나르시시스트 부모를 어느 정도 말리거나 회유할 수 있는 사람이 가족 내에 자신밖에 없다는 것을 깨닫게 되면서, 이에 대한 중압감을 느끼게 된다. 동시에 자신도 눈 밖에 나면 공격당할 수 있다는 불안감 사이에서 갈등하게 된다. 아무리 골든 차일드라고 해도 나르시시스트 부모는 자신의 문제점을 지적하는 사람을 극도로 미워할 수 있다는 사실을 알기 때문이다.

성인이 된 골든 차일드

성인이 되어서 골든 차일드는 나르시시스트 부모에 대한 강한 양가 감정이 생길 수 있다. 많은 사람들이 기피하는 나르시시스트 부모가 안쓰럽고 자신이 부모를 끝까지 책임지고 챙겨줘야 한다는 압박감을 느끼는 한편, 나르시시스트 부모의 본모습에 대해 점차 인지하면서, 정이 떨어져서 거리를 두고 싶은 마음이 공존할 수 있다. 특히 골든 차일드가 결혼하여 자신의 가정을 꾸리면서 나르시시스트 부모의 건강하지 않은 측면들에 대한 인식이 더욱 명확해지는 경우가 많다.

자신의 배우자가 자신의 부모를 매우 비정상적인 사람으로 바라보고 관계 안에서 괴로워하는 것을 보면서, 본인이 여태까지 어렴풋이만 감지하며 애써 부인해왔던 나르시시스트 부모의 부정적인 측면들이 실존하는 것을 확인한다. 또 본인이 부모가 되면서 자신을 향한 나르시시스트 부모의 사랑이 실은 매우 조건적이었음을 깨닫는다. 또한 나르시시스트 부모로 인해 다른 가족 구성원들은 물론, 자신 또한 상당히 고통스러웠다는 인지가 생기면서, 여전히 여러 문제를 초래하는 나르시시스트 부모와 거리를 두고 싶은 욕구가 다른 자녀들과 마찬가지로 생긴다.

그러나 자신이 여태껏 혜택을 받아온 자녀라는 생각에 다른 형제자매들에 비해 나르시시스트 부모로부터 거리를 두는 것에 큰 죄책감을 느낄 수 있다. 다른 형제자매들도 골든 차일드가 당연히 나르시시스트 부모를 가장 많이 부양해야 한다고 여기는 경우가 많다. 나르시시스트는 나이가 들수록 기존의 방어 수단, 즉 젊음, 아름다움, 신체적 건강, 권력, 경제력 등이 약해지기 때문에, 건강하지 않은 나르시시스트적 성향들이 더욱 두드러지게 나타날 수 있다. 그렇기 때문에 나이 든 부모 옆을 지키는 골든 차일드는 시간이 지날수록 더욱 괴로울 수 있다. 나는 성인 골든 차일드가 나르시시스트 부모로부터 거리를 두려고 시도하는 낌새만 보였는데, 자신의 건강을 해치는 행동을 하면서까지 골든 차일드를 계속 옆에 두려고 애쓰는 노년의 나르시시스트 부모도 본 적이 있다. 또 경제적으로 여력이 있는 나르시시스트 부모는 골든 차일드를 붙잡아 놓기 위해 재산으로 회유하거나 재산을 일부러 몰아주기도 한다.

골든 차일드는 나르시시스트 부모의 정서적 학대가 자신의 다른 형제자매들에게 얼마나 큰 상처와 피해를 미쳤는지 뒤늦게 인지하게 되면서 큰 죄책감을 느끼고 평생 자신이 형제자매들에게 진 마음의 빛을 갚으려고 노력하기도 한다. 이처럼 나르시시스트 부모에게 사랑을 가장 많이 받기로 알려진 골든 차일드 자녀 또한 결코 행복하다고만은 할 수 없다.

나르시시스트인 골든 차일드

반면에 본인 스스로에게 나르시시스트적 특성들이 강하게 자리 잡은 골든 차일드의 경우에는 매우 다른 상황들이 전개된다. 나르시시스트 부모의 과잉보호 하에 늘 자기 뜻대로 모든 것을 해온 골든 차일드는 성인이 되어서도 여전히 가족들이 본인 중심으로 움직이길 바란다. 또한 나르시시스트 부모가 늘 자신을 대해줬던 것처럼 세상 모든 사람들이 자신을 특별하게 대접해줄 것을 기대한다.

그런데 정작 나르시시스트 부모가 연로해져서 힘이 없어지면, 그 부모를 모시는 역할은 자기 몫이 아니라는 합리화를 하며 부모의 돌봄을 다른 형제에게 넘겨 버리는 경우가 많다. 더 황당한 것은 나르시시스트 부모는 말년에 자신을 돌보며 고생하는 자녀보다도 여전히 골든 차일드를 더욱 귀하게 여긴다는 사실이다.

요약하자면, 골든 차일드도 본인이 얼마나 정서적으로 건강한지에 따라서 상반되는 심리를 경험하고 천차만별의 모습을 보일 수 있다.

눈에 띄지 않는 인비저블 차일드

나르시시스트 부모는 자녀들과의 관계 안에서도 무조건 자기 자신이 먼저다. 그래서 골든 차일드처럼 서플라이 역할을, 스케이프고트처럼 펀칭백 역할을 해주지 못하는 자녀에게는 특별히 자신의 에너지나 관심을 주고 싶어 하지 않는다. 이렇게 주로 방치되는 자녀를 인비저블 또는 로스트 차일드라고 칭한다.

인비저블 차일드 역할에는 주로 선천적으로 내성적이고 까다롭지 않으며 요구사항이 많지 않은 아이가 맡는 경우가 많다. 그리고 그 역할이 주어지고 나면 그런 성격 특성들이 더욱 강화된다. 나르시시스트 부모에게 조금이라도 관심을 요구하거나 본인의 욕구를 표현하면 부모가 자신을 성가셔하고 짜증을 내니, 최대한 부모를 귀찮게 하지 않는 방향으로, 즉 부모의 눈에 띄지 않는 방향으로 자신의 행동을 수정해 나간다.

그래서 인비저블 차일드는 학교에서도 조용하고, 특별한 자기주장 없이 다른 친구들의 의견을 따라가는 편이며, 발표를 하거나 공연을 하는 등 주목받는 자리를 불편해하고, 본인이 무엇을 좋아하는지 호불호도 뚜렷하지 않을 수 있다. 그런데 특별히 문제 행동을 보이거나 소란을 일으키는 경우는 거의 없다 보니 선생님들도 그냥 천성이 내성적인 아이라고 간주하고 별다른 개입을 해야 한다고 느끼지 못하는 경우가 많다.

조금 더 크고 나서 청소년기에는 존재감 없이 아웃사이더로 지내는 것을 더 편하게 여기기도 한다. 또 자신이 어떤 것에 소질이 있는지 어떤 분야를 더 공부하고 싶은지 확실히 알지 못하고, 상을 타거나 좋은 학교에 입학하는 등 관심을 받을 만한 행위들에 별다른 노력을 기울이지 않을 수 있다. 다른 한편 그동안 자신을 방치해온 부모의 관심을 끌기 위해 무의식적으로 눈에 띄게 반항을 하거나 비행 행동을 보이는 인비저블 차일드도 있다.

과거 인비저블 차일드 역할을 맡았던 한 성인 내담자분이, 가족에게 소속감을 못 느끼고 투명인간 취급을 받아서 외롭고 힘들면서도, 본인이 그 역할을 자의적으로 계속 유지하려고 했던 측면도 있었던 것 같다고 털어놓은 적이 있다. 그 이유는 스케이프고트 역할이 주어진 본인의 형제자매를 보면서 부모의 눈에 안 띄는 것이 저렇게 구박과 공격을 당하는 것보다는 낫겠다는 생각이 들었기 때문이다. 그리고 성인이 된 지금도, 다른 형제자매들보다는 나르시시스트 부모와 거리 두기를 하는 것이 더 수월한 부분도 있다. 워낙 나르시시스트 부모에게 존재감이 없었던 자녀라 상대적으로 부모로부터 자신을 분리시키는 것이 더 용이한 부분이 있어서다.

이에 나르시시스트 부모의 맹렬한 공격과 비난의 대상이 되기보다는, 나르시시스트의 관심 밖에 있는 것이 차라리 더 나은 것이 아니냐고 얘기하는 사람들도 있다. 그러나 인비저블 차일드 역할 또한 스케이프고트 역할과 마찬가지로 아이의 심리에 막대한 부정적인 영향을 끼친다. 충분한 관심과 정서적 돌봄이 절대적인 시기에, 그 돌봄을 제공하지 않는 것은 위험한 수준의 학대이다. 관심받기를 절실히 원할 수밖에 없는 시기임에도 불구하고, 아직 힘이 없는 어린 인비저블 차일드는 자신을 눈에 띄지 않는 존재로 만들어 버리는 것이 부모에게 대처하는 유일한 방법이라고 느낄 만큼, 나르시시스트 부모는 학대적인 모습을 보인 것이다.

인비저블이 비저블로

성인이 된 인비저블 차일드가 마음의 상처를 치유하기 위해서는 우선 자신에게 특정한 정서적인 욕구들, 즉 보살핌, 이해, 보호, 관심, 사랑을 받고 싶은 욕구들이 존재하고 있다는 사실을 인지해야 한다. 수많은 인비저블 자녀들이 정서적 욕구가 충족되지 않은 상태로 수십 년을 지내왔다 보니, 여기에 너무 익숙해 현재 무언가가 잘못됐다는 사실조차 지각하지 못하는 경우가 많다. 또한 어느 정도 자신의 욕구에 대한 인지가 있다고 해도, 본인에게 이런 욕구가 있다는 것 자체가 뭔가 잘못됐고, 이는 나약하고 이기적인 것이라고 생각할 수도 있다. 그러나 우리는 남녀노소를 불문하고 누구나 다 사랑받길 원한다. 오히려 원하지 않는 것이 이상한 것이다.

또한 내가 과거 상처로 인해 자꾸 내 인생의 중요한 타인으로 정서적으로 박탈적인 사람들을 선택하게 되다 보니, 세상의 모든 사람들이 나르시시스트 부모와 유사하게 나를 방치할 사람들이라고 점점 더 믿게 될 수 있다. 그러나 이는 사실이 아니다. 세상에는 나에게 진정한 관심과 사랑을 줄 수 있는 사람들이 얼마든지 존재한다. 그런데 나르시시스트 부모의 잘못된 양육 방식의 결과로 나 스스로가 나의 정서적인 욕구를 충족시켜줄 수 있는 사람들과 관계 맺는 것을 회피하거나 훼방을 놓고 있다는 사실을 깨달아야 한다.

이러한 인식 형성과 행동 변화를 혼자서 하기 어려운 경우에는 전문가와 치유의 과정을 함께 하는 경우도 많다. 그 과정을 통해 본능적으로 존재하는 나의 정서적 욕구들이 나르시시스트 부모의 방치로 인해 충족되지 못했다는 사실을 인정하고, 부모로 인해 그 당시에 느꼈던, 그리고 지금도 느끼고 있는 분노나 고통 등의 감정을 표현한다. 또 내가 현재 경험하고 있는 원인 모를 우울감, 혼자된 느낌에서 오는 외로움과 공허감은 어렸을 때부터 충족되지 않은 욕구들로 인해 현재까지도 이어져 오고 있는 무의식적인 결핍감 때문에 초래되고 있음을 깨닫는다. 그리고 성인이 되어 나에게 충분한 정서적인 지지를 제공해줄 수 있는 사람을 선택하고, 내가 상대방에게 필요로 하는 것들을 건강하게 요구하는 방법들을 익혀 나간다.

가장 중요하게는, 상대에게 적절한 수준의 정서적 돌봄을 받는 것은 나약한 것이 아니라 지극히 사연스럽고 정상적이라는 사실을 수용하게 된다. 인비저블 차일드의 역할을 맡았던 사람들 중, 자신이 지니고 있는 정서적 욕구들이 얼마나 소중한지, 또 나에게 중요한 대상에게 이 욕구들을 충족시켜 달라고 요청하는 것이 얼마나 중요한지 인지하지 못하는 경우가 많다. 우리는 모두 완벽하지 않은 인간이기에 혼자서 모든 것을 다 해결할 수 없다. 다른 사람을 어느 정도 필요로 할 수밖에 없는 자신의 '취약성'이 자신을 사랑스럽게 만드는 요소 중 하나라는 것을 많은 분들이 알게 되었으면 좋겠다.

부모를 꿰뚫어 보는 트루스 텔러 자녀

나르시시스트 부모의 건강하지 않은 측면들을 아주 어린 나이에서부터 감지하는 능력이 있는 자녀들이 있다. 그들은 '나르시시스트'라는 단어 자체를 알지는 못하지만, 나르시시스트 부모에게 분명한 문제가 있다는 점을 일찍이 인지한다. 부모가 보이는 행동들이 옳지 않다는 것을 본인 스스로 깨우치는 성숙함을 선천적으로 타고난 것이다. 나는 이런 능력을 타고난 자녀들을 어떻게 표현하면 좋을지 고민하던 중 라마니 박사의 콘텐츠를 통해 처음 트루스 텔러라는 용어를 접하게 되었다.

트루스 텔러 자녀들은 대화가 가능한 시기가 되면 처음에는 나르시시스트 부모에 대한 자신의 깨달음을 순수하게 그냥 내뱉기도 한다.

"엄마는 왜 다른 사람들을 미워하는 말을 많이 해?"

"아빠는 항상 화를 내서 같이 있기 무서워…."

그러나 나르시시스트들은 상대가 아무리 자신의 어린 자녀라고 해도, 누군가가 자신의 잘못을 꼬집어서 얘기하고 자신을 판단하는 것을 극도로 싫어한다. 그래서 트루스 텔러 자녀가 이와 같이 솔직한 반응을 보이면 자녀에게 짜증이나 화를 내는 등 적대적인 모습을 보일 수 있다. 트루스 텔러 자녀들은 이런 부모의 공격이 반복되면 더 이상 자신의 생각을 입 밖으로 내면 안 되겠다는 깨달음을 얻게 되며, 부모에게 점차 거리를 두며 혼자만의 공간을 만들기 시작한다.

그러나 나르시시스트 부모에 대한 자신의 솔직한 생각을 말로 표현하지는 않지만, 아직 아이이기 때문에 표정과 눈빛에서 생각과 감정이 드러날 수밖에 없다. 나르시시스트는 상대가 누가 됐든 자신을 어떻게 바라보는지 매우 예민하고 상대에게 인정받는 것을 중요시하는데, 특히 아직 나이가 어린 트루스 텔러 자녀가 자신을 바라보는 비판적인 시선에 매우 민감하다. 또 트루스 텔러 자녀들은 부모에게 문제가 있다는 것을 인지하고 있다 보니 나르시시스트 부모의 말을 순순히 따르지 않으면서 저항감을 보이거나 피하려고 한다. 나르시시스트 부모는 자신의 결함을 감지하는 자녀를 보면 화가 나며 이는 공격적인 태도로 이어진다. 그래서 많은 경우 트루스 텔러 자녀들은 스케이프고트 역할을 같이 맡게 된다.

트루스 텔러 자녀들은 어떻게 본능적으로 나르시시스트 부모의 건강하지 않은 심리와 행동들을 감지하고 꿰뚫어 볼 수 있는 것일까? 아마도 이는 기질의 차이로부터 기인할 것이다. 선천적으로 공감 능력과 통찰력이 뛰어나고 상대방의 감정에 예민하며, 감성지수 EQ가 높은 사람은, 그렇지 못한 상대 나르시시스트에게 본인한테는 원래 타고난 그런 능력들이 없다는 것을 더 잘 느끼게 된다. 보편적으로 나한테 없는 것이 남들에게도 없다는 것을 알아차리기 어려운 이유는, 내가 가져본 경험이 없으니 남이 있는지 없는지 알 방법이 없어서다. 반면에 내가 갖고 있는 것을 상대가 갖고 있지 않으면 그 부재가 눈에 잘 띌 수밖에 없다.

트루스 텔러의 성장통

이런 성장 환경을 통해 트루스 텔러 자녀들은 다른 사람들보다 빨리 성숙하며 주로 혼자서 많은 일들을 해결해나가고, 어린아이로서의 순진무구함이 다소 이르게 빼앗겨지는 측면이 있어서 애어른 같은 모습을 보일 수 있다. 또 이른 시기에 세상과 그 안의 사람들이 녹록지 않고 위험하다는 인식이 형성될 수 있다.

트루스 텔러 자녀들은 점차 성장하면서 용기를 내어 부모에게 어떤 부분들이 잘못됐는지 바른 말을 하기도 하는데, 나르시시스트 부모는 이제 더 이상 어린아이가 아닌 자녀에게 더욱 매섭게 공격적인 모습을 보일 수 있다. 이에 트루스 텔러 자녀들은 일찍부터 부모에게 확실한 거리를 두는 경우가 많고, 건강하지 않은 가족 체계에서 벗어나려고 시도한다. 또 안타까운 마음에 다른 가족들이 부모에 대해 명확하게 인지하도록 하기 위해 객관적으로 부모에게 무슨 문제가 있는지 알려주기도 한다. 그런데 그런 경우 다른 가족 구성원으로부터 "엄마(아빠)한테는 아무 문제도 없어, 그렇게 생각하는 네가 이상한 거야!", "부모가 완벽하지 않다고 멀리하는 것은 불효이지, 네가 얼마나 잘났기에 부모를 판단해"라며 자신의 생각과 감정이 잘못됐다고 비난받을 가능성이 크다.

성인이 된 트루스 텔러

트루스 텔러 자녀가 성인이 되어 사회생활을 하면서도 비슷한 상황이 재현될 수 있다. 트루스 텔러 자녀들이 나르시시스트 부모를 선천적으로 꿰뚫어 보는 것처럼 사회에서 만나는 나르시시스트들도 본능적으로 잘 감지하게 된다. 그래서 여느 사람들은 관계 초반에는 감지하지 못하는, 상대가 정서적으로 건강하지 않은 사람이라는 위험 신호들을 트루스 텔러 자녀들은 본능적으로 재빨리 인식한다.

이에 어디를 가나 초반에는 본인만 특정한 문제의 사람을 인지하고 대처하다 보니 정신적인 피로도가 높을 수 있다. 또 그만큼 경각심도 높아서 불안감을 경험할 수 있으며, 세상은 나르시시스트가 너무나도 많은 안전하지만은 않은 곳이라는 깨달음에 경계를 늦추지 못할 수 있다. 그리고 다소 냉소적이고 조심스러운 태도로 사람들을 대하기도 해서 주변 사람들로부터 자칫 만만치 않다, 혼자만 잘났다, 타협이 어렵다는 얘기를 들을 수도 있다. 그래서 자존감이 충분히 안정적이지 못한 트루스 텔러 자녀들은 스스로에 대한 의구심을 마음속에 지닌 채 자신을 고립시키기도 한다.

그러나 앞서 언급하였듯이 트루스 텔러 자녀들은 높은 공감 능력과 통찰력, 판단력, 자기 성찰 능력 등의 양질의 측면들을 선천적으로 타고난 유형이다. 그리고 어린 시절 정서적으로 박탈적이고 고립된 환경에 놓여 있다 보니 그에 대한 방어로 풍부한 창의성과 상상력으로 내면 세계를 풍요롭게 채우는 경우가 많다. 그래서 자신이 어렴풋이 느껴왔던 불안감과 경계심의 근원이 나르시시스트 부모의 왜곡된 양육 방법과 가족 구조임을 인지하고, 자신에게 무슨 문제가 있어서가 아니라 오히려 남들에게는 없는 타고난 능력이 있어서 여태 나르시시스트에게 박해를 당한 것이라는 사실을 명확하게 인식하게 되면, 회복탄력성이 좋은 그들은 스스로에 대한 의구심에서 벗어날 수 있다. 그 결과 어느 누구보다도 성인이 되어 주변의 나르시시스트들에게 휘둘리지 않고, 확실한 바운더리 설정을 하면서 현명하고 강경하게 대처한다.

그들은 이른 성인기부터도 자신이 속한 조직이나 환경의 부조리한 측면을 감지하고, 한발 물러서서 그 상황에 끌려들어 가지 않으며, 긍정적인 변화를 시도하는 용기와 단호함을 보인다. 이들은 나르시시스트가 최대한 영향력을 행사하지 못하도록 서로에 대한 공감이 주를 이루는 조직문화를 형성함으로써 나르시시스트적 문화를 대적하는 데에 가장 큰 공헌을 하는 부류이다. 그래서 트루스 텔러 자녀들은 새롭게 조직을 탄생시키고 자신이 리더 역할을 맡는 경우도 많다.

　자녀 역할을 칭하는 용어들은 더 큰 틀에서는 나르시시스트가 속해 있는 모든 집단 내에서의 사회관계에 적용될 수 있다. 예를 들어 직장에서도 나르시시스트 상사 밑의 부하 직원들 사이에서, 일과 관련되어 모든 질책과 책임을 떠안는 스케이프고트 직원이 있는가 하면, 상사의 관심과 기대 및 승진이나 포상을 독차지하는 골든 차일드 직원이 있으며, 처음부터 상사를 간파하고 주위 동료들에게 경각심을 일깨워주는 트루스 텔러 직원이 있다. 그래서 자녀 유형 개념을 가족 구도 내에서만이 아닌, 사회적인 관계 전반에 대입시킬 수 있다.

분열에서 화합으로

나르시시스트 부모 아래에서 성장한 자녀들은 자신의 의지와는 상관없이 특정 역할을 맡게 되고, 그로 인해 갈등과 균열이 생긴다. 이런 경우 자녀들의 가장 현명한 대처는 과거부터 이어져 온 건강하지 않은 가족 구도를 인지하고, 자신에게 평생 강요되었던 부당한 역할에서 벗어나서, 나르시시스트 부모에게 명확하게 선을 긋고, 형제자매의 관계를 회복하는 시간을 통해 개개인의 상처들을 치유하는 것이다. 실제로 나는 성인이 된 골든 차일드 형과 스케이프고트 동생이 각자 가정을 이루면서 자신의 나르시시스트 엄마가 얼마나 건강하지 않은지에 대해 점차 인지를 하고, 엄마의 분열과 조종으로 인해 그간 지녀왔던 서로에 대한 부정적인 감정을 청산하며, 나르시시스트 부모를 제외한 채 각자의 새로운 가족 구성원들이 다 같이 돈독한 관계를 맺으며 깊은 우애를 다져나가는 모습을 지켜본 적이 있다.

　가족 구성원들을 조종하고 가스라이팅하고 편 가르기를 하는 나르시시스트 부모 밑에서 성장한 자녀들은, 자신에게 맡겨진 역할을 막론하고, 참 많은 상처와 아픔을 경험한다. 이 책의 내용이 이런 자녀들이 서로 간의 관계를 회복하는 길로 나아가는 데 도움이 되기를 간절히 바란다.

Part 2

나에겐
행복해질 권리가 있다

Chapter 6

나를 조종했던 것들과
헤어지기

보통 사람들은 자신이 원하는 바가 있으면 상대에게 그것을 제대로 전달함으로써 상대를 이해시키고 공감을 얻으려고 한다. 또한 상대가 판단을 내릴 때까지 인내심을 가지고 기다린다. 무엇보다도 상대가 가까운 사람이라면 본인에게 피해가 되지 않는 선에서 나에게 유익이 되는 일은 수용해줄 것이라는 신뢰가 있다.

하지만 나르시시스트는 이러한 능력들이 부족한데, 그 배경에는 몇 가지 이유가 있다. 우선 나르시시스트 당사자는 나르시시스트적 가족 구조 내에 성장했을 가능성이 높다. 즉 부모 중 한 명 또는 두 명 모두 나르시시스트인 경우가 많다. 그들은 늘 자신을 조종하려는 부모 밑에서 자라면서, 건강한 대인 관계를 맺는 법을 배우지 못했으며, 그 경험도 거의 없다. 특히 이해관계가 조금이라도 얽힌 상황에서는 자신과 가까운 사람이 자신을 위한 선택을 할 것이라는 신뢰가 없다. 따라서 어떠한 상황이더라도 자신에게 유리할 수 있도록 스스로 사람을 조종하고 상황을 조작하는 등 전체를 통제할 수 있어야만 불안감을 느끼지 않는 것이다.

이렇게 자신의 이익을 잘 챙기는 나르시시스트를 보며 주변인들은 "성격은 별로인데 머리는 참 잘 써"라는 말을 하는 경우가 많다. 그러나 나르시시스트가 머리가 좋아서 다른 사람들을 잘 조종하는 것이 아니다. 앞서 언급한 인간관계 안에서 갖추어야 하는 능력들이 현저히 떨어지기 때문에 조종이라는 수단을 사용할 수밖에 없는 것이고, 이 기술을 계속하여 연마하는 것이다.

나르시시스트는 살아오면서 쌓은 풍부한 경험을 바탕으로 자신이 쉽게 조종할 수 있는 사람들을 잘 알아본다. 우리는 모두 상대의 조종에 대해 어느 정도의 취약성을 지닌다. 누구나 인정받고 싶은 욕구, 자신이 충분히 좋은 사람이 아니라는 부족함, 다른 사람을 실망시킬 것에 대한 두려움, 특정 사람이나 사안에 대한 양가감정 등을 때때로 경험하고, 불필요한 책임감이나 죄책감 그리고 수치심 등의 취약한 감정에 노출되기 때문이다. 바로 이러한 감정을 나르시시스트가 공략하기에 이에 크게 좌지우지되는 사람일수록 그의 조종에 취약할 수 있다.

따라서 이번 장에서는 나르시시스트가 상대를 조종하기 위해 사용하는 대표적인 행위에 대해 자세히 살펴볼 것이다. 나르시시스트가 어떤 모습과 방법으로 나를 조종할 수 있는지 알아야지만, 조종이 일어날 때 그것을 명확히 인식하고 그에 넘어가지 않게 적절한 바운더리 설정을 할 수 있으며, 궁극적으로 적절한 거리 두기를 할 수 있는 발판이 마련된다. 또한 나 자신을 나르시시스트의 조종에 취약하게 만드는 나의 내적 요소늘이 무엇인지 점차적으로 깨닫게 되는 과정을 밟아 나간다면, 나르시시스트의 조종으로부터 자유해질 수 있는 막강한 힘이 생길 것이다.

나 자신을 의심하게 만드는 말들

가스라이팅

가스라이팅은 나르시시스트가 다른 사람을 조종하기 위해 사용하는 대표적인 수단이다. 가스라이팅이 효과가 있으려면 우선 가스라이팅을 당하는 사람이 행하는 사람에게 어느 정도의 신뢰를 지니고 있어야 하며, 이때 가스라이팅은 반복적으로 일어나는 경우가 대부분이다. 이에 부모와 자식, 연인이나 배우자, 친한 친구, 매일 만나는 직장 동료 등 비교적 가까운 관계 안에서 주로 일어난다.

가스라이팅이라는 용어는 원래 연극이었다가 1940년대에 영화화된 〈가스라이트Gaslight〉에서 기원한 단어다. 영화에서 남편은 자신의 금전적인 이익을 위해 아내에게 지속적으로 거짓말을 하며 아내가 스스로 보고 듣고 기억하는 바를 의심하게 만든다. 이로 인해 아내는 자신에게 정신적인 이상이 있다고 착각하기 시작한다. 이 과정에서 이루어진 남편의 교묘한 수작 중에 하나가 집안의 가스등 밝기를 실제로 낮추었는데 아내가 물으면 "등의 밝기는 차이가 없다, 당신이 잘못 보거나 생각하는 것이다"라며 아내가 인지하는 바를 반복적으로 부정하는 것이었다.

영화에서도 잘 표현되었듯이 '상대를 가스라이팅한다'는 의미는, 상대가 인지하고 있는 현실적인 상황, 느끼고 있는 감정, 지니고 있는 기억들이 마치 사실이 아닌 것처럼, 잘못된 것처럼 받아들이도록 유도해서, 실제로 현실감에 아무런 문제가 없는 상대에게 혼란을 야기하고, 자신이 원하는 대로 상대방이 생각하고 느끼고 반응하도록 조종하는 것이다.

따라서 나르시시스트의 가스라이팅에 반복적으로 노출된 사람들은 자신의 생각과 판단을 의심하게 되고 극심한 혼란스러움을 경험하며, 이는 결국 자존감 저하와 우울감, 불안감, 무력감 등의 증상들로 이어질 수 있다. 나르시시스트가 상대방을 가스라이팅하는 방법들은 매우 다양하게 존재한다. 여기에서는 가장 대표적인 방법들을 다루어보고자 한다.

"너 너무 민감한 거 아니니?"

나르시시스트는 상대가 자신의 불편한 감정 상태를 표현하면 상대의 감정을 과민 반응으로 치부한다. 또한 상대가 느끼는 감정이 별것 아닌 것처럼 축소시키며, 특정 감정을 느끼는 상대에게 큰 문제가 있는 것처럼 표현하는 것이다. "너무 예민하게 반응하는 것 아냐?", "왜 이렇게 사소한 일에 민감하게 굴어", "이렇게 편하게 살면서 고작 그런 걸로 불평을 해?", "다른 사람들은 너보다 더 힘들어, 너는 그렇게 느낄 자격이 없어" 등이 자주 나오는 멘트들이다.

만약 누군가에게 자신의 괴로운 심정을 호소했는데 이러한 반응이 돌아온다면, 상대가 나를 가스라이팅하는 것은 아닌지 주의를 기울일 필요가 있다.

D의 부모는 나르시시스트이며 D가 자신이 부모의 친자식이 맞는지 의심이 들 정도로 남매를 차별하였다. 어렸을 때부터 부모는 항상 오빠를 우선시했고 D는 늘 뒷전이었다. 오빠는 값비싼 새 물건만 받았다면 D는 항상 오빠가 쓰다 만 물건들만 받았고, 오빠는 고액 과외를 여러 개 했던 반면, D는 학원에 가는 것조차 눈치를 봐야 했다. 용돈도 몇 배 이상 차이가 났다. 또 오빠는 잘못을 해도 혼이 나지 않고 조금만 잘해도 칭찬을 받은 반면, D는 작은 실수라도 하면 "오빠 반만 해라"라는 비난을 받고,

잘한 일이 있어도 "더 잘해야지, 그 정도에 만족하면 안 된다"는 식의 채찍질만 받았다.

참다못한 D가 부모에게 "왜 엄마 아빠는 우리 둘을 이렇게 차별하는 것이냐, 너무 서운하고 힘들다"라고 호소하면 부모는 이렇게 이야기하곤 했다.

"나는 네가 왜 그렇게 느끼는지 이해가 안 가는구나. 너무 예민한 거 아니니? 동생이 오빠가 잘되길 바라야지 질투나 하고, 그렇게 마음을 못되게 쓰면 안 돼. 오히려 엄마는 여자인 너를 더 조심스럽게 대했는데, 그걸 차별이라고 느끼다니."

결론은 그 어떠한 차별도 없었고, D가 힘들어하는 것은 지나치게 과민한 D의 성격 때문이라는 것이다. 그럴 때마다 D는 자신에게 정말 문제가 있는 것은 아닌지 혼란스러웠다. 그리고 점차 자신을 오빠를 질투하는 나쁜 동생이라고 깎아내리게 되었으며, 우울감도 심해졌다.

D는 괴롭고 힘든 자신의 솔직한 심정을 부모에게 털어놓았다. 그러나 부모는 D에게 그런 감정을 느끼는 것은 잘못이고, D가 자신의 문제로 인해 과민 반응하고 있다고 가스라이팅을 했다. D는 부모의 말이기에 이를 받아들였으며 자신에게 문제가 있다고 믿게 되어 우울증까지 생겼다. 이처럼 가스라이팅은 당하는 사람에게는 가혹한 정서적 학대 행위가 될 수 있다.

"그런 일은 없었어, 네가 잘못 기억하는 거야"

다음으로 상대가 있었던 사실을 아예 없었다고 부정하거나 사실과는 다르게 왜곡하여 표현하는 경우이다. "그런 일은 일어난 적이 없어", "네가 잘못 기억하는 거야" 등이 자주 나오는 멘트들이다.

> S는 동료 A와 함께 작업하는 업무들이 많았다. 그런데 업무 분배에 있어서 분명히 특정 업무를 A가 하기로 해놓고 나중에 보면 그 업무가 처리되어 있지 않은 경우가 많았다. S는 몇 번 참다가 A에게 맡아서 한 업무들이 왜 진행이 안 되는지 물었다. 그러자 A는 정색을 하며 이렇게 말했다. "S씨, 제가 이 업무를 하겠다고 한 적 없는데요. 요즘 컨디션이 안 좋은가 보네요. 기억을 잘 못하시고."
>
> 너무나도 당당한 A의 태도에 S는 혼란스러웠다. 사실 얼마 전 남자친구와 이별하여 집중력이 다소 떨어진 상태였고, '내가 정말 잘못 기억하는 건가? 남자친구와 헤어졌다고 일에 지장을 주면 안 되는데…' 하며 반성하는 마음이 들었다. S는 이후 정신을 더 바짝 차리고 일해야겠다는 생각에 업무 관련 사항들을 노트에 전부 적어놓기 시작했다. 그런데 이후에도 A가 자신이 맡은 바를 하지 않는 상황이 반복되었다. S는 자신의 노트에 쓴 메모를 보여주며 동료에게 확인을 요청했다. 그러자 이번에는

A가 이렇게 말했다. "메모를 잘못 남겼네요."

S는 자신이 아닌 동료의 문제라는 것을 점차 자각한 후부터 그와 관련된 업무를 할 때는 전자로 기록이 남도록 신경 썼다. 즉 구두로 상의하는 대신 이메일이나 문자로 소통하였고, 회의를 할 때는 회의록을 작성하여 전체 메일로 공유하였다. 그러자 A는 업무 관련하여 S에게 조심하는 듯하였다. 하지만 S는 여전히 A와 업무에 대해 논의하는 자리가 생기면 대화를 녹음하고 싶은 마음이 들었다.

이처럼 누군가와 상호 작용하는 과정에서 어떤 형태로든 소통의 내용을 객관적인 증거로 남기고 싶은 마음이 재차 생긴다면, 내가 상대방에게 가스라이팅을 당하고 있다는 신호일 수 있다.

또한 나르시시스트는 현재 일어난 상황이나 문제에 대하여 상대가 자신의 말과 행동을 오해하여 해석한 것이라는 주장을 자주 한다. 예를 들어, 나르시시스트 남편이 내연녀와 여행을 가기 위해서 아내에게는 한 직장 동료와 출장을 간다고 거짓말을 했다. 그런데 몇 달 후 아내는 남편 회사 사람들과의 부부 동반 자리에서 남편과 그 직장 동료가 함께 출장을 간 적이 없다는 사실을 알게 되었다. 화가 난 아내는 남편에게 "왜 거짓말했어?"라고 물었다. 그러자 남편은 "내가 그 사람은 일이 있어서 같이 출장을 못 간다고 했지, 언제 같이 간다고 했어? 당신이 반대로 기억하는 거잖아"라고 말하며 아내가 스스로의 기억을 의심하게 만든다.

"그런데 그 전에 해야 할 말이 있어"

나르시시스트는 원래의 대화 주제와는 전혀 다른 주제로 대화를 돌리며 자신에게 유리한 방향으로 끌고 가는 경우도 많다. 그리고 이 과정에서 상대를 나쁜 사람처럼 보이게 한다. 이렇게 함으로써 대화의 초점을 분산시키고 어떤 잘못에 대한 추궁과 책임을 상대에게 돌려버리는 것이다.

G의 남편은 자기중심적이고 감정 조절이 잘 되지 않는 편이었지만 부부 사이에 심각한 갈등을 초래할 정도는 아니었다. 그러나 남편의 사업이 잘되면서부터 상황이 악화됐다. 남편은 눈에 띄게 거만해졌으며, 아내가 살이 찌고 나이가 들어 보인다는 등 아내의 외모를 비하하는 말을 자주 하였다. 또 친구들과 술을 마시고 새벽에 들어오거나 연락이 두절되는 경우가 잦아졌다. G는 부부 사이에 어떤 문제점이 있는지, 어떻게 하면 개선할 수 있는지 남편에게 여러 번 대화를 시도했는데, 그러다 보면 자꾸 대화의 주제가 전혀 다른 쪽으로 흘러가는 경우가 많았다. 예를 들어 남편이 금요일 밤마다 친구들과 술을 마시고 토요일

새벽에 들어와 낮까지 일어나지 않자 G는 남편에게 아이 둘을 주말에 자신 혼자 돌보기는 역부족이며 남편의 행동에 변화가 필요함을 이야기했다. 그러자 남편은 이렇게 말했다. "내가 요즘 좀 늦은 것은 사실이야, 주말에 같이 시간 보내는 것도 중요하지. 그런데 그 전에 얘기할 부분이, 아이들 음식 챙겨주는 것부터 신경 좀 쓰지? 애들 저녁 반찬이 너무 부실하더라. 당신 요즘 살림에 너무 소홀한 거 아니야? 계속 이런 식으로 할 거면 직장 그만둬."

대화의 원래 주제는 새벽에 들어와 늦게까지 자는 남편의 행동에 변화가 필요하다는 것이었다. 그런데 결국 대화의 끝은 아내가 직장을 유지할지 말지에 대한 논쟁이 되어버렸다. 나르시시스트 남편은 아내의 가장 취약한 부분인 자녀들에 대한 죄책감을 자극하고 아내를 공격할 수 있는 주제로 대화를 돌리면서, 자신을 향한 추궁과 책임은 회피하고, 오히려 아내를 탓하고 비난하는 상황을 만든 것이다.

"이 주제로는 너와 이야기하지 않겠어"

특정 사안에 대해서는 상대가 아예 얘기도 꺼내지 못하도록 침묵으로 일관하거나 관계를 끝내겠다고 협박하는 경우도 있다. 이는 특히 바람을 피우는 나르시시스트 연인이나 배우자들이 자주 사용하는 가스라이팅이다. 상대가 조금이라도 의심을 하면 "당신 의처증 아니야? 내가 바람이나 피울 사람으로 보여?", "자존심 상하고 화나니까 다시는 이 얘기 꺼내지 마. 자꾸 그러면 같이 못 살아!"라는 식으로 말하는데 이는 바람 피우는 사람들이 전형적으로 사용하는 말이다.

바람을 피우는 나르시시스트의 평소와는 다른 행동을 감지하여 당연히 의구심을 품을 수밖에 없는 상대 배우자에게, 마치 그런 의심을 하게 되는 것 자체가, 또 그에 대해 표현하는 것이 잘못된 것인 양 분위기를 조성하는 것이다. 이러할 경우 상대는 막상 강한 의심이 들어도 이야기를 꺼내는 것이 어려울 수 있다. 더군다나 스스로도 바람이 사실이 아니라고 믿고 싶은 마음에 자신도 이에 대해서 깊게 파고드는 것을 무의식적으로 원하지 않을 수 있다. 또한 확신도 없는 상태에서 계속하여 의심하는 것이 상대를 괴롭히는 일이라고 느낄 수 있으며, 이런 상황으로 인해 정작 중요한 다른 이야기들마저 상대가 들어주지 않거나 둘의 관계 자체가 깨질 것에 대한 두려움이 생길 수도 있다.

가스라이팅의 의도

우리는 나르시시스트가 '내가 이렇게 거짓말로 저 사람을 속여서 내 실속을 챙겨야지' 하는 의도로 가스라이팅을 하는 것이라고 생각하는 경우가 많다. 물론 의도성이 명백한 가스라이팅을 반복하는 나르시시스트도 많다. 그러나 가스라이팅 자체는 의식적인 요소와 무의식적인 요소가 섞여 있다. 나르시시스트가 아닌 사람도 악의 없이 의도치 않게 상대를 가스라이팅할 수 있다. 예를 들어 한 친구가 남편이 너무 강압적이라 힘들다고 이야기를 하는데 다른 친구가 위로 차 "그래도 네 신랑만큼 성실한 사람이 어디 있어. 힘들다고만 생각하지 말고 좋은 면들을 바라보려고 노력해봐"라고 얘기했다고 가정하자. 만약 그 친구와 대화한 이후 남편으로 인해 괴로워했던 자신을 탓하며, 남편은 좋은 점도 있는 사람이니 단점 때문에 힘들어해서는 안 된다는 생각이 든다면 이 또한 가스라이팅이 될 수 있다. 그러나 의도성이 없는 행위와 나르시시스트가 반복적으로 행하는 가스라이팅을 완전히 동일하게 보기는 어렵다.

그렇다면 나르시시스트가 행하는 가스라이팅의 무의식적인 측면은 무엇일까? 나르시시스트의 근간은 불안정한 정체성과 자존감이며, 그들은 자신의 결함을 의식적으로 인지하지 않기 위해서 필사적으로 노력한다. 그래서 특정 상황에서 자신의 잘못을 인정하지 않기 위해서 자기 잘못에 대한 책임을 다른 사람한테 전가하는 것이다.

'이건 내 문제가 아니라 네 문제야, 난 대단한 사람인데 잘못했을 리가 없지.' 이런 식으로 사고하며 자신도 그렇게 믿고 싶은 것이다. 또한 자신이 믿는 거짓 현실이 진짜 현실이 되도록 상대를 필사적으로 조종하려는 것이다.

나르시시스트에게 지속적으로 가스라이팅을 당하다 보면 혼란스럽고 지금껏 믿어왔던 가치관에 대한 회의감이 몰려오면서 자기 자신에 대한 신뢰를 잃고 스스로를 가스라이팅하기 시작할 수 있다. '저 사람 말이 맞아, 내가 잘못 생각하는 거야(느끼는 거야)', '내가 지나치게 예민하고 속이 좁아서 이상하게 반응하는 거야'라는 생각을 반복하며 스스로를 가스라이팅하기 시작하면, 나르시시스트의 조종에서 벗어나기 더욱 어려워진다. 따라서 상대 나르시시스트가 나에게 교묘하게 가스라이팅하는 상황을 일찍 알아차리는 것이 무엇보다 중요하다.

특정 관계 안에서 자신이 지금까지 믿어온 신념들이 상충되어 혼란스럽고, 혼자서 어떤 판단을 내리는 것이 머뭇거려진다면, 내가 상대에게 가스라이팅을 당하고 있는 것은 아닌지 돌아볼 것을 권유한다.

자꾸 부정적인 감정을 자극한다면

미끼

낚시를 할 때 물고기가 바늘을 물도록 꾀어내는 용도로 미끼를 사용하듯이, 우리는 관계 안에서 상대에게 원하는 것이 있거나 상대를 원하는 방향으로 움직이고 싶을 때, 미끼를 던지는 경우가 있다. 엄마가 학원에 가기 싫어하는 자녀에게 학원 수업을 빠지지 않으면 어떠한 물건을 사주기로 약속하는 것도 일종의 미끼이다. 당연히 이때 미끼는 상대방이 원하는 것을 사용한다.

하지만 나르시시스트가 상대를 조종하고 관계 내에서 우위를 차지하기 위해 던지는 미끼는 상대를 즐겁게 하는 유형이 아니다. 그들이 주로 사용하는 미끼는 상대에게 부정적인 감정 반응이 일어나도록 자극하는 행위들이다.

언제 미끼를 던지는가

나르시시스트의 정체에 대해 모른 채 괴롭힘을 당하던 사람이 특정한 계기로 나르시시스트에 대한 인지가 생긴 후, 더 이상 교묘한 수법에 휘말리지 않고 점차 거리 두기를 시도하는 등 관계 양상에 변화를 주려고 할 때, 나르시시스트는 유독 많은 미끼를 던진다.

나르시시스트는 상대가 자신의 조종에 넘어가 감정적으로 취약한 상태에서 자신에게 굴복하는 듯한 모습을 보이면 우월감을 느낀다. 그런데 상대가 자신과의 관계로부터 벗어나려고 하면 더 이상 자신이 우위를 차지할 수 없음에 무능감이 자극되면서 불안정해질 수 있다. 이에 나르시시스트는 자신이 강자, 상대가 약자인 관계 안에 필사적으로 상대방을 묶어두려고 시도하고, 이 과정에서 상대를 감정적으로 자극시키는 미끼를 사용하는 것이다. 즉 일부러 상대방의 취약한 부분을 집중적으로 공격하는 말이나 행동을 함으로써, 상대의 마음을 상하게 하고 화를 돋우어 극적인 감정 반응을 유도한다.

나르시시스트로부터 스스로를 분리시키고 있었던 상대가 감정적인 반응을 보이는 것은 나르시시스트와 어떤 형태로든 다시 상호 작용을 하는 것이기에, 관계 안에 재차 끌려들어 가는 것이다. 동시에 주변 사람들에게도 나르시시스트가 아닌 상대가 감정 조절을 못하는 미성숙한 쪽으로 비추어질 수 있다.

직장에서 한때 취약한 나르시시스트 동료 J와 가깝게 지낸 M은 나르시시스트에 대한 인지가 생긴 후 동료로부터 점차 거리를 두기 위해 업무적으로 꼭 필요한 얘기 외에는 대화 자체를 피했다. 그런데 어느 날 부서원들이 다 같이 밥을 먹는 자리에서 J가 이렇게 얘기하였다. "화장실에서 제가 안에 있는 줄도 모르고 타 부서 주임 두 명이 M씨에 대해 안 좋은 얘기를 하더라고요. 혼자 하는 일은 잘하는지 몰라도 협력이 잘 안 된다고요. 나가서 한마디 할까 하다가 부서 간의 갈등으로 번질까 봐 그냥 참고 있었어요. 저도 이런 이야기하는 게 마음 편치 않지만 M씨 생각해서 해주는 거예요."

M은 J가 부서 사람들 앞에서 자신의 허물을 일부러 드러내려는 것 같아 무안하고 화가 났다. 특히 J와 가깝게 지냈을 때 자신은 다른 사람이 자신을 어떻게 생각하는지 예민하다고 말한 적이 있는데, 한때는 친한 사이라 털어놓은 자신의 약점을 가지고 자신을 공격하는 듯한 느낌이 들어서 더욱 상처가 됐다. 그러나 그 자리에서 화를 내거나 감정적으로 반응하면 부서 사람들이 자신을 정말 이상

한 사람으로 바라볼까 봐 침착한 태도를 유지하며 이렇게 대답했다. "얘기해줘서 고마워요. 뭔가 오해가 있는 듯한데 제가 잘 해결해보도록 하겠습니다."

J가 정말 M에게 도움을 주고 싶었다면 사람들이 모두 모인 자리가 아닌 둘이 있는 자리에서 조용히 얘기했을 것이다. J는 자신을 꿰뚫어 보며 멀리하는 M으로 인해 자신이 약자처럼 느껴지다 보니, 관계 안에서 다시 우위에 서기 위해 사람들이 모두 보는 앞에서 M을 감정적으로 격동시키는 미끼를 던진 것이다. 그러나 M은 이를 잘 간파하고 미끼를 물지 않았다.

이처럼 상대를 우회적으로 비꼬는 말이나 상대의 약점이나 비밀스러운 상처를 자극하는 행위 또는 가족이나 친한 친구 등 상대가 아끼는 사람에게 부정적인 언행을 보이는 등 상대를 감정적으로 동요시키는 말과 행동들이 나르시시스트의 미끼다.

이러한 나르시시스트의 자극에 화를 내는 등 격한 반응을 했다면 나르시시스트의 미끼를 물어버린 것이다. 그들은 이러한 반응을 즐긴다. 분통이 터져 날뛰고 있는 상대와는 달리 침착하게 반응하는 자신을 바라보며 우월감을 만끽한다. 그리고 주변 사람들에게는 내가 이상한 사람이 되어버렸을 수 있다.

약한 미끼에서 강한 미끼로

나르시시스트는 상대가 자신이 바라는 정도로 감정적인 반응을 보일 때까지 미끼의 강도를 점차 높이기도 한다. 처음에 빈정거림 정도의 약한 미끼를 던졌다가 상대가 그것을 물지 않고 반응하지 않으면 더 강한 미끼인 특정 행동에 대해서 대놓고 지적하거나 욕을 하는 모습을 보일 수 있다. 그다음 단계의 미끼는 상대를 불안하게 하거나 불편하게 하는 주제로 상대를 공격하는 것이다.

예를 들어, 상대가 어렸을 때 그의 부모가 이혼을 했고 그것이 큰 상처였다는 사실을 알고 있을 때 이렇게 이야기하는 것이다. "이혼한 집 자녀들은 가정교육을 제대로 못 받고 자라서 사회생활을 할 때 꼭 문제가 생기더라." 심지어는 협박을 미끼로 사용할 수 있다. 특히 병적인 수준으로 나르시시스트적 특성이 심한 사람들은 상대에게 격한 두려움을 유발하여 관계 안에 머물러 있거나 복종하게 만든다. 자신과 헤어지려는 애인에게, "우리 둘이 촬영한 은밀한 영상을 공개해버릴 거야", "네가 떠나면 죽어버릴 거야"라고 협박하며 상대가 강압적으로 자신 곁에 머무르도록 종용하는 사람들이다.

공감 능력이 손상된 나르시시스트도 인지적으로는 상대에게 어느 정도 공감할 수 있다. 상대가 어떤 감정을 경험하는지 정서적으로 느끼지 않더라도 머리로 인식하는 것은 가능하다. 특히 자신을 향한 상대의 두려움과 공포 등의 감정은 더욱 예민하게 잘 감지한다. 상대의 이런 감정들이야말로 관계 안에서 자신이 더 강한 것처럼 느껴지게 하기 때문이다. 또한 상대방이 자신을 결국 떠나지 못하면 '그럼 그렇지, 네가 나를 어떻게 떠나'라며 우쭐댄다.

따라서 애초에 나르시시스트의 미끼를 물지 않는 것이 중요하다. 그러기 위해서는 상대가 나르시시스트라는 사실을 명확하게 인지하고, 언젠가는 자신에게 여러 종류의 미끼를 무조건 던질 것이라는 사실을 미리 염두에 둬야 한다. 또한 실제로 그 순간이 오면 아무리 화가 나고 대응을 하고 싶어도 침착한 모습을 유지하며 미끼를 물지 않는 것이, 나르시시스트에게 가장 현명하게 대처하는 방법이라는 사실을 마음속 깊이 새기자.

왜 나를 못 본 척하는 것일까?

투명인간

나르시시스트는 상대에게 합당한 선에서 합리적인 요구를 하기보다는, 상대의 입장과 상황은 고려하지 않은 채 자신의 이익만을 위한 무리한 요구를 하는 경우가 많다. 이때 자신이 요구하는 대로 상대가 따라주지 않을 경우 그들은 상대와 말을 섞지 않거나 상대를 보고도 못 본 척 무시해버리는 투명인간 취급을 하기도 한다. 이것역시 그들이 자주 사용하는 조종 수단이다.

누군가가 특정 사람에게만 말을 걸지 않거나 못 본 척할 경우 주변 사람들은 '그 사람이 무슨 큰 잘못을 저질렀나 보다'라고 자동적으로 생각하게 된다. 심지어 당하는 당사자도 나르시시스트의 터무니없는 행동에 '내가 크게 잘못을 한 건가?'라며 스스로를 의심하게 된다. 이것이 바로 나르시시스트가 침묵하기와 투명인간 취급하기를 사용하는 이유이다.

침묵의 뿌리

상대에게 마음에 들지 않는 부분이 있다고 침묵해버리는 것은 상당히 미성숙한 태도이다. 성숙한 사람들은 누군가와 갈등이 있거나 불만이 생긴 경우, 그 상황을 해결하기 위해 당사자와 대화를 시도하기 마련이다. 먼저 자신의 감정부터 살펴본 다음, 자신이 어떠한 이유로 특정 감정을 느끼는지 구체적으로 표현한다. 그럼으로써 상대와 해결점을 찾고 자신의 부정적인 강점을 해소해 나간다.

하지만 나르시시스트는 자신의 내면을 깊숙이 들여다보면, 과대성과 우월감에 가려져 있는 결함이 보이기 때문에 자신의 내면 상태를 잘 인지하지 않으려고 한다. 따라서 표현도 불가능하다. 또한 그들은 소통을 통해 접점을 찾아 나서는 것을 어려워하다 보니 관계 안에서 생긴 불편한 감정을 성숙한 태도로 해소해 나가는 대신 "나를 기분 나쁘게 했으니까 너랑은 말 안 해"라는 식의 유아적인 대응을 보인다. 그렇게 상대방의 마음을 극도로 불편하게 만듦으로써, 자신의 부정적인 감정을 상대방에게 전달하는 것이다. 또 힘들어하는 상대를 보며 가학적인 만족감을 경험하며 자신의 부정적인 감정을 어느 정도 해소하기도 한다.

감당하기 어려운 부정적인 감정들을 한꺼번에 토해내는 분노 폭발이나, 전혀 표현을 하지 않는 침묵은 취약한 감정을 표현하고 해소하기 위해 보이는 행위라는 측면에서 그 뿌리가 같다. 침묵과 분노 폭발의 또 다른 공통점은 둘 다 당하는 상대에게 강렬한 감정 반응을 불러일으킴으로써 상대와 상황을 자신이 원하는 방향으로 움직인다는 것이다. 나르시시스트의 분노 폭발은 상대에게 공포감을 일으키는 행위로, 침묵은 상대에게 극도의 불편감과 긴장감을 일으키는 행위로, 둘 다 자신이 원하는 대로 상대를 조종하는 수단으로 사용된다.

나르시시스트의 침묵, 눈 마주치지 않기, 투명인간 취급하기에 가장 좋은 대처 방법은, 내가 그런 행동에 전혀 영향을 받지 않고 있다는 듯이 행동하는 것이다. 나르시시스트가 이런 행동을 하는 목적은, 상대로 하여금 불편감에 못 이겨 자신에게 먼저 다가와서 어떻게든 대화를 시도하고 기분을 풀어주려는 노력을 하도록 종용하기 위함이다. 즉, 자신이 원하는 대로 상대의 행동을 교정하려는 것이다.

따라서 나르시시스트의 침묵하기 등의 행동이 마음을 불편하게 해도 무반응으로 견뎌야 한다. 눈을 마주치지 않으면 마주치지 않는 대로, 투명인간 취급을 하면 취급하는 대로 우리는 자신이 할 일만 열심히 하고 갈 길만 열심히 가면 된다.

"나는 너의 운명이 아니야"

러브바밍

나르시시스트는 주변에 서플라이가 절대적으로 필요하다 보니, 자신이 원하는 특정 인물을 관계 안으로 끌어들이는 데에 능숙해야만 한다. 이에 나르시시스트는 관계 초반에 자신은 좋은 사람이고, 이 관계는 좋은 관계라고 상대가 믿도록 교묘하게 조종하는데, 그 수단 중 하나가 바로 러브바밍love bombing이다. 러브바밍은 과도한 애정 공세로 관계 초반에 상대를 끌어당기는 유혹 방법이다. 러브바밍은 연인뿐만 아니라 가족, 친구, 직장 동료 등 모든 관계 안에서 사용하는 방법이다. 나르시시스트의 유형에 따라 사용하는 러브바밍에는 차이가 있는데, 먼저 과대형 나르시시스트가 사용하는 러브바밍에 대해 알아보자.

"너는 내가 찾던 바로 그 사람이야"

나르시시스트는 관계 초반에 상대에게 엄청난 관심을 보이며 칭찬을 쏟아붓는다. "잘 잤어요?", "어디예요?" "당신은 너무 완벽해요" "당신이 있는 곳으로 달려갈게요" 등의 메시지를 수시로 보내고, 아직 서로 잘 모르는 데도 관계에 확신을 가지며 자주 만나고 싶어 한다. 또 고가의 선물을 하고, 데이트는 비싸고 고급스러운 곳을 선호하며 데이트 비용도 자신이 부담한다.

상대는 화려한 데이트와 끊임없이 오는 연락 등 파도처럼 밀려오는 애정 공세에 휩쓸려 가며, 마치 드라마 속 주인공이 된 것 같은 기분을 느끼게 된다. 그들은 "당신이 내가 찾던 사람이야", "너 같은 사람은 이 세상에 또 없을 거야"로 시작해서 조금 더 친밀해지면, "우리 관계는 정말 특별해", "나만큼 널 사랑하는 사람은 또 없을 거야" 식으로 이어간다. 그러나 상대를 황홀하게 해주는 나르시시스트의 러브바밍은 오래가지 않는다. 그들은 상대가 자신에게 넘어온 후에는 러브바밍을 중단하고 상대와의 관계를 소홀히 여기기 시작한다.

이처럼 나르시시스트의 러브바밍이 오래 지속되지 않는 데에는 몇 가지 이유가 있다. 먼저, 관계 초반에는 아무리 감정이 뜨거워도 상대에 대해 잘 모르는 상태이기 때문에 깊이 있는 감정을 느끼는 것이 어렵다. 따라서 충분한 감정이 뒷받침되지 않은 상태에서 쏟아붓는 강렬한 애정 표현은 현실적으로 오랜 기간 지속되기 힘들 수밖에 없다.

또한 나르시시스트는 늘 새로운 것, 자극적인 것을 추구하는 성향이 강하므로, 연인이라는 형태의 나르시시스트적 서플라이는 특히나 더 일정 시간이 지나고 나면 식상해진다. 더욱이 나르시시스트는 호감이 가는 이성을 서로 감정을 나누며 관계를 쌓아나가는 상대로 보는 것이 아니라 지금 당장 쟁취해야 하는 대상으로 바라본다. 목적 자체가 상대를 정복하는 것이기에, 자신이 원하는 바를 다 이루었다고 생각하는 순간 상대에 대한 관심이 급격하게 식을 수 있다.

방어 수단으로서의 러브바밍

나르시시스트의 러브바밍은 여러 측면에서 방어 수단이기도 하다. 많은 사람이 러브바밍이 진행되는 동안 황홀했지만 정작 그 기간 동안 나르시시스트에 대해서 알게 된 것은 거의 없었다고 말한다. 화려한 데이트의 연속이지만 서로를 정말 알아가기 위해 필요한 깊이 있는 대화나 감정의 공유는 없었기 때문이다. "너는 내 운명이야"라고 말하지만 내면을 드러내는 이야기는 하지 않기에 상대는 도대체 왜 그가 자신을 운명으로 느끼는지조차 알 수 없다. 나르시시스트들은 겉으로 보이는 화려한 것들로 내적인 깊이를 대체하는 방어 수단으로 러브바밍을 사용하는 것이다.

또한 러브바밍은 나르시시스트가 자신의 과대성을 유지하기 위한 방어이기도 하다. 나르시시스트는 자신이 맺고 있는 관계 자체가 완벽하다고 여겨지면, 그 안에 있는 자신도 덩달아 완벽하다고 느낄 수 있기에, 지금의 관계를 완벽한 관계로 이상화한다. 그런데 완벽한 관계란 현실적으로 존재하지 않으며, 더군다나 짧은 시간 내에는 의미 있는 관계가 형성되기란 더욱 어렵다. 그래서 아직 미숙한 관계를 마치 영화 속에서만 있을 법한 이벤트의 연속으로 포장하여 완벽한 관계인 것처럼 비추어지도록 하는 것이다. 즉, 평소 스스로에 대해 지닌 과대성을 연인 관계에 투영시키는 것이다.

나르시시스트는 결핍감으로 인해 거절당할 것에 대한 두려움을 물밑에 지니고 있는데, 러브바밍은 그런 두려움에 대한 방어이기도 하다. 나르시시스트는 러브바밍을 통해서 상대로 하여금 이 관계가 정말 좋은 관계인지, 나르시시스트가 좋은 사람인지, 상대가 나르시시스트에게 좋은 감정을 품고 있는 게 맞는지 명확한 판단을 하지 못하도록 정신을 쏙 빼놓는 측면도 있다.

이러한 나르시시스트의 러브바밍에 한 번이라도 빠져들어서 황홀감을 경험한 사람들은 그 느낌이 잘 잊히지 않는다고 표현한다. 그 결과 나르시시스트가 자신의 본색을 점차 드러내도, 초반에 경험했던 러브바밍 시기를 잊지 못하고, '언젠가는 그런 시기가 다시 오겠지'라는 생각을 지닌 채 기다리며, 나르시시스트가 현재 보이는 그릇된 행동들을 수용한다.

나르시시스트는 관계 초반에만 러브바밍을 사용하는 것이 아니라 중간중간 자신이 필요로 할 때 이 수법을 쓰기도 한다. 예를 들어 연인이 자신의 본모습을 알아차리고 떠나려는 낌새를 보이면, 나르시시스트는 다시 상대의 정신을 쏙 빼놓는 러브바밍을 사용하여 상대방이 서플라이로 관계 안에 계속 머무르게 종용한다.

주변의 다양한 러브바밍

연인 외에 다른 관계 안에서도 러브바밍이 일어날 수 있다. 나르시시스트는 상대와 아직 가까워지지 않았음에도 불구하고 지나치게 상대를 챙겨주고, 마치 두 사람이 수년간 우정을 쌓아온 친구 사이인 양 행동한다. 예를 들어 서로 알고 지낸 지 얼마 안 되었을 때 갑자기 '소중한 내 친구에게'라는 제목으로 장문의 편지를 써서 준다거나, 자신의 SNS에 상대와 찍은 사진을 올리며 '예쁘고 천사 같은 내 찐 친구'라는 등 상대에 대한 과한 칭찬과 함께 둘의 우정을 과장하여 드러내는 포스팅을 올리기도 한다. 또 생일에는 고가의 물건을 선물하거나 과도한 이벤트를 준비하는 모습을 보일 수 있다. 따라서 나르시시스트와 가까이 지냈던 사람들 가운데 그가 정말 좋아서 친해졌다기보다 자신에게 너무 잘해줘서 친해졌던 것 같다고 표현하는 경우가 많다.

나 역시 비슷한 경험이 있는데 갑자기 친해진 동생에게 중간중간 표현할 수 없는 싸한 느낌이 들었다. 그는 나에게는 잘했지만 주변 사람들에게는 고압적이고 착취적인 태도를 보였고, 이내 나는 조금씩 거리를 두게 되었다. 지금은 너무나 잘 보이는 그 친구의 나르시시스트적 측면들을 당시에는 명확하게 인식하진 못했으나 어렴풋이 느끼기는 한 것이다. 그래서 그 친구가 나에게 "언니는 왜 여러 명 모일 때만 나를 만나고 나랑 단둘이서는 잘 안 만나려고 해?" 하며 서운한 듯이 물어봐서 당황한 적이 있었다. 일부러 '둘이서는 만나지 말아야지' 생각한 것은 아닌데, 무의식적으로 그를 피했던 것이다.

직장에서도 러브바밍은 흔히 일어난다. 나르시시스트 상사는 이제 막 들어온 직원에 대해 잘 알지도 못하면서 "얘 정말 인재야, 우리 회사 에이스가 될 거야"라며 사람들 앞에서 띄워주며, 높은 자리에 있는 사람들이 모이는 회식 자리에 자주 부른다. 상대는 마치 자신의 진가를 알아봐 줘서 중요한 자리에 함께하는 듯한 착각을 하며, 그가 앞으로도 자신을 잘 이끌어주리라는 어리석은 기대를 하게 된다. 하지만 나르시시스트 상사의 온갖 칭찬에 황홀해하고 있을 때,

상사는 그에게 일을 마구 내리며 마음 편히 착취하는 상황을 만들어
간다.

"내 상처를 알아봐 준 사람은 네가 처음이야"

취약한 나르시시스트의 러브바밍 또한 상대를 자신의 곁에 머물러
있도록 하려는 목적은 같으나 그 방법이 과대형 나르시시스트와는
다른 측면이 있다. 취약한 나르시시스트와 한때 연인 관계였던 사
람들에게 당시 상대에게 어떤 면이 가장 끌렸는지 물어보면, 이렇
게 말하는 경우가 많다.

"처음부터 자신의 상처와 약점을 솔직하게 드러내는 모습에서 진
정성을 느꼈어요. 나를 신뢰하는 듯한 느낌이 들었죠. 또 그 사람의
아픔을 덜어주고 돌봐주고 싶은 마음이 들었어요."

이렇게 누군가 아직 잘 모르는 사람 앞에서 자신의 아픈 경험이
나 비밀스러운 상처를 드러내면, 그가 솔직하고 자신의 약점을 드
러낼 정도로 자존감이 높다고 생각하기 쉽다. 그러나 이런 행위 또
한 상대방의 바운더리를 침범하는 행동이 될 수 있다. 아직 가깝지
않은 사람들은 상대의 사적인 이야기를 들어줄 준비가 되어 있지
않을 수 있으며, 무겁게 다가오는 과거의 경험들에 부담을 느끼거
나 위로 등의 특정 반응을 보여줘야 한다는 압박감을 느낄 수 있기

때문이다. 따라서 정서적으로 건강한 사람들은 어느 정도 깊이 있는 관계가 형성된 사람들에게만 자신의 상처를 드러낸다.

반면에 취약한 나르시시스트는 관계 초반부터 자신의 상처를 적나라하게 드러내면서 상대에게 "당신이 내 상처를 알아봐 준 유일한 사람이야", "당신은 나에게 구세주 같은 존재야"라는 메시지를 주며 상대를 치켜세워주고 감성을 자극하면서 은밀하게 러브바밍한다.

이처럼 취약한 나르시시스트의 러브바밍은 은근하게 조용히 이루어지니 자각하기가 더 어려워서 현혹되기 더 쉬울 수 있다. 또 인간이 느끼는 가장 강력한 감정들에 죄책감과 연민이 포함되는데, 취약한 나르시시스트의 러브바밍은 이 두 감정을 모두 건드리다 보니 더욱 강력할 수 있다.

관계 초반뿐만 아니라 관계 중간에도 자신이 잘못을 하거나 책임질 일이 생기면, 나르시시스트는 과거 상처를 들먹이면서 상대로 하여금 안쓰러운 마음을 느끼게 하며 갈등을 피하는 수법을 많이 쓴다. 예를 들어, 자신의 부모에게 남편이 대놓고 무시를 당했다고 가정해 보자. 이때 아내가 나르시시스트라면 그는 가족의 잘못을 인정하고 사과하는 것이 아니라, 자신은 어렸을 때 부모에게 훨씬 더 심하게 당했다면서 상대에게 위로를 요구하는 경우도 흔하다.

우리 둘이서만

취약한 나르시시스트와 연인 사이일 경우 러브바밍 결과로 관계의 진전이 급격하게 빨라질 수 있다. 상대적으로 인간관계가 폭넓지 않은 취약한 나르시시스트에게 자신의 상처를 공감해주고 위로해주는 상대 연인은 가장 중요한 서플라이가 된다. 이에 상대가 자신에게 넘어온 순간부터 그 사람을 절대로 놓아주지 않기 위해 최대한 빨리 관계를 진전시키려고 한다. 그러기 위한 수단으로 동거 또는 결혼 등을 지나치게 이른 시기에 제안하기도 한다.

또한 상대가 다른 친구나 지인, 가족을 만나려고 하면 "우리 둘만의 시간도 부족한데 왜 자꾸 다른 사람들한테 시간을 써", "나를 정말 사랑한다면 나랑 좀 더 보내자"라며 점점 둘의 관계 안에서만 상대가 고립되도록 조종하려 들 수 있다. 상대의 생활 속에서 다른 사람을 다 제해버리고 자신이 대부분의 자리를 차지함으로써 상대가 관계 안에서 빠져나가지 못하게 하려는 것이다.

또한 취약한 나르시시스트가 친구가 적은 이유 중 하나는 다른 사람과 가까워지면 자기 자신과 비교하게 되고, 그러다 보면 마음속의 무능감이 자극되기 때문이다. 마찬가지로 자신의 연인이 주변에 친한 사람들이 많으면, 다른 사람들과 함께 만나는 자리도 자연스럽게 더 생길 수밖에 없으니 아예 관계를 차단하고자 하는 것이다.

러브바밍에 잘 넘어가는 사람들

그런데 어떤 사람들은 '나는 처음부터 너무 좋은 식당에 가고 고가의 선물을 사주면 부담되어 싫던데' 또는 '잘 알지도 못하는데 자신의 상처를 얘기하면 불편하던데'라고 생각할 수 있다. 실제로 모든 사람들이 나르시시스트의 러브바밍에 넘어가는 것은 아니다.

연인 관계 안에서 과대형 나르시시스트의 러브바밍에 잘 넘어가는 사람들의 특징 중 하나는, 이상적인 연인과 로맨스를 꿈꾸며 자신을 영화 속 주인공처럼 느끼게 해줄 상대를 원한다는 것이다. 취약한 나르시시스트의 러브바밍에 잘 넘어가는 사람들은 곤경에 처해 있는 사람들을 도와주고 잘못된 부분을 고쳐주고자 하는 욕구가 큰 특성을 지니고 있다.

또한 이전에 온전한 관심을 받은 경험이 적은 사람들이 더 잘 현혹될 수 있다. 예를 들어 원가족 안에서 충분한 사랑을 받지 못한 경우, 나르시시스트의 막대한 관심이 동반되는 강렬한 러브바밍에 약할 수 있다. 과거 경험으로 인해 무의식적으로 중요한 대상에게 버려질 것을 두려워하는 사람들이나 분리 불안이 있는 사람들도, 관계 초반에 항상 같이 있으려는 나르시시스트의 러브바밍에 쉽게 넘어갈 수 있다. 즉 러브바밍이 효과적일 수 있는 이유는 결국 상대방의 연약한 부분들을 공략하기 때문이다.

그런데 모순적이게도, 나르시시스트는 자신이 힘든 일이 있거나 필요할 때는 상대가 계속 자신의 이야기를 들어주며 함께 시간을 보내줄 것을 요구하지만, 막상 상대가 자신의 아픔을 공유하면서 기대려고 하면 피하는 모습을 보일 수 있다.

관계 맺기가 힘든 시대일수록

사람 만나기가 쉽지 않은 시대라고 말하는 사람들이 늘었다. 마음에 드는 사람이 생겨도 상대가 상응하는 관심을 보이지 않아서 관계가 끊기는 경험을 한두 번 하게 되면 이후에는 적극적으로 나설 용기도 잘 나지 않는다. 그러는 가운데 관계 초반부터 많은 관심을 표현하는 나르시시스트는, 상대로 하여금 누군가의 관심의 대상이 되었다는 안도감을 느끼게 하고 자존감을 높여주기에, 상당히 매력적인 존재로 다가올 수 있다. 더군다나 우리나라는 일정한 나이가 되기 전에 결혼을 해야 한다는 인식이 아직 남아 있어서, 빨리 누군가를 만나야 한다는 압박감이 심해지는 시기가 있다. 이때에 나르시시스트의 러브바밍이 더욱 유혹적으로 느껴질 수 있다.

이런 상황에서 나르시시스트의 러브바밍에 넘어가지 않으려면 누군가를 꼭 만나야 한다는 관계에 대한 압박에서 어느 정도 자유해져야 하며, 서서히 상대를 알아가며 자신과 진정성 있는 교류가 가능한 사람을 찾는 것이 인생의 동반자를 선택하는 데 있어서 가장 현명한 방법이라는 것을 깨달아야 한다. 이는 연인뿐만 아니라 가깝게 지낼 친구나 직장 동료를 선택하는 데 있어서도 마찬가지다. 천천히 감정과 생각을 공유하며, 어려운 시기에 서로 힘이 되어주며 차근차근 쌓아나가는 관계야말로 우리 인생을 풍요롭게 해줄 것이다.

유독 가까운 사람들에게만 보이는 인색함

스크루지

나르시시스트는 자신에게 쓰는 돈이나 관계 초반 러브바밍을 할 때는 돈에 매우 관대하다. 그러나 관계가 점차 진전되어 상대가 이미 관계에서 빠져나오는 것이 상황적으로나 심리적으로 어려워졌을 때, 유독 돈과 관련하여 인색하게 행동하는 특징이 있다. 나르시시스트가 돈에 인색한 이유는 현실적인 실리를 따지는 측면도 있지만 그보다 더 근본적인 심리적인 이유들이 있다. 나르시시스트가 중요하게 생각하는 두 가지 영역, 즉 권력 행사와 통제를 위한 가장 좋은 수단이 돈이기 때문이다.

예를 들어, 나르시시스트 남편을 둔 아내들이 가장 많이 호소하는 고충 중 하나가, 남편이 연애 시절에는 인색하지 않았는데 결혼을 하고 자신이 육아로 직장을 그만두고 나서는 급격하게 돈에 인색해졌다는 것이다. 신용카드 내역이 모두 문자로 남편에게 오도록 설정하고, 지출 내역을 사사건건 다 확인하려 든다. 또한 식비나 자녀 교육비 등 기본 생활비 외에, 아내가 친구를 만나거나 물건을 사는 데 돈을 사용하면, "사치가 심하다", "자신이 힘들게 번 돈을 물 쓰듯 쓴다" 등의 말로 정색을 한다.

그러다 보니 아내는 약속 있을 때마다 남편에게 미리 허락을 구하거나 아예 약속을 만들지 않는다. 남편의 참견과 생색이 너무 지겹고 또 화를 낼까 봐 두려운 마음도 있기 때문이다. 결국 남편은 돈이라는 수단을 통해서 아내가 스스로 선택하고 결정할 자유를 제한하며 아내를 통제하고 조종하는 것이다.

직장에서도 상사가 승진이나 인센티브를 통해 부하 직원들을 조종하는 경우도 있다. 실제로 일을 잘하거나 열심히 하는 사람이 아니라 자신의 말을 잘 따르는 사람에게 승진의 기회나 인센티브를 주는 것이다. 따라서 직원들은 상사의 눈치를 살피며 비위를 계속 맞추게 되어, 상사는 자신이 원하는 대로 부서 전체를 조종할 수 있게 된다.

일관성이 없는 아버지

사례를 통해 나르시시스트가 가까운 대상들을 어떻게 조종하는지 더 자세히 살펴보겠다.

> 20대 초반인 K에게는 경제적으로 여유가 있는 독선적 나르시시스트 아버지가 있다. 아버지는 특정 자녀에게는 경제적으로 관대한 반면, 다른 자녀들에게는 돈과 관련하여 지나치게 엄격하다. 의대에 다니는 첫째 아들에게는 학업이 바빠서 아르바이트할 시간이 없다며 매달 넉넉하게 용돈을 주는 반면, K를 포함한 두 명의 자녀에게는 "성인이 되면 자신이 쓸 돈은 알아서 벌어야지"라는 말과 함께 학교 등록금, 차비, 식비 외에 용돈을 거의 주지 않는다. 그래서 K는 학교를 다니면서 아르바이트를 하며 추가 용돈을 벌었다.

어렸을 때는 아버지의 이러한 교육 방식이 절약하는 습관을 만드는 등 긍정적인 효과가 있다고 생각하려고 했다. 그런데 이상한 점은 아버지가 학교 성적이 잘 나왔거나 본인이 시킨 대로 K와 여동생이 잘 따르면, 포상금 형태로 많은 용돈을 주는 것이다. 여동생이 조건이 좋은 남자친구와 사귀기 시작하니까 데이트하라고 몇십만 원을 주는 경우도 있었다. 그런데 여동생이 마음에 안 드는 남자친구를 만나면 데이트비는커녕 그나마 주던 용돈을 아예 끊어버렸다.

K는 아버지가 형에게는 돈을 후하게 쓰고 다른 자식들에게는 인색한 것이 앞뒤가 맞지 않는다는 생각이 들었다. 또한 자신이 원하는 대로 자녀들이 따라줄 때는 갑자기 많은 돈을 주다가도, 자신의 말을 따르지 않으면 용돈을 끊어버리는 상반되는 행동이 이해되지 않았다.

이러한 사례에서 보듯이 자녀들의 성과 기반으로, 그리고 자신이 원하는 대로 행동하는지 아닌지에 따라 경제적인 혜택을 주는 것은, 자녀에게 가장 아쉬운 부분인 용돈을 이용하여 자신의 방식대로 자녀들을 조종하려는 시도이다. 나르시시스트 아버지는 자녀들이 사랑과 존경으로 자신의 얘기에 경청하고 행동할 것이라 기대하지 않는다. 자신 또한 그러한 마음으로 남을 대해 본 적이 없기 때문이다. 그는 한 사람이 다른 사람을 따르려면 무조건 힘의 과시와 통제가 필요하다고 여기는 것이다.

나르시시스트는 돈에 매우 후하거나 아니면 매우 인색한 양극단의 방법으로 상대방을 조종하려는 동일한 목적을 이루려고 한다. 우리 주변 누군가가 자기 자신이나 자신이 잘 보여야 하는 사람에게는 돈에 관대한데, 유독 가까운 사람들한테는 돈에 인색한 등 일관성이 없는 모습을 보인다면, 그 사람이 나르시시스트는 아닌지 한 번 더 돌아봐야겠다.

그가 나쁜 사람은 아니라고?

더 무서운 조력자들

나르시시스트 당사자보다도 더 위험할 수 있는 존재가 나르시시스트의 조력자, 인에이블러enabler들이다. 나르시시스트의 조력자는 나르시시스트가 다른 사람들에게 큰 피해가 되는 만행을 지속할 수 있게 다양한 방법으로 옆에서 도와주는 사람들을 의미한다.

나르시시스트를 다루는 데 있어서 조력자에 대한 인식과 대처가 중요한 이유는, 나르시시스트는 조력자 없이 혼자서 존재하기는 어렵기 때문이다. 즉, 나르시시스트가 막강한 힘을 얻고 잘못된 언행을 지속할 수 있는 이유는, 가정이나 직장 또는 사회 전반적으로 나르시시스트의 잘못을 묵인하고 지지해주는 특정 체제가 존재하기 때문이다. 따라서 나르시시스트에게 지속적으로 정서적 학대를 받은 경험으로 진료를 보러 오는 분들 중에, 나르시시스트 당사자 이상으로 조력자들로부터 조종을 당하고 있어서 나르시시스트와의 관계에서 벗어나지 못하는 사람들이 너무 많다.

위험한 사람들, 위험한 말들

나르시시스트로부터 수년간 괴롭힘을 당한 사람이 드디어 나르시시스트에 대한 인식이 생겨서 관계에 변화를 주려고 할 때, 그를 이전 관계 안에 그대로 머무르게 종용하는 주요 인물이 나르시시스트가 아닌 조력자인 경우도 많다. 예를 들어 나르시시스트 엄마로부터 거리 두기를 하려는 딸에게, 엄마는 오히려 가만히 있는데 옆에 있는 아빠 또는 이모가 이렇게 말하는 것이다.

"엄마한테 너무 예민하게 구는 거 아니니. 그래도 너를 낳아주고 길러준 부모인데 연락도 자주 안 하고 그러면 불효야."

이렇게 나르시시스트에 대한 인식이 생겼다가도 몇몇 주변 사람들의 얘기를 듣다 보면 상대가 나르시시스트가 맞는지 헷갈리게 된다. 상대가 정말 나르시시스트라면 주변 사람들도 자신처럼 그 사람이 싫고 힘들어야 하는데 자신만 혼자 그렇게 느끼는 것 같다. 또 다른 사람들이 너무 예민한 거 아니냐고 하니깐 정말 자신이 잘못 생각하는 것은 아닌가 혼란스러울 수 있다.

　대놓고 적대적인 측면들을 드러내는 나르시시스트에 비해, 조력자에게는 경계심을 낮추게 된다. 이에 눈에 띄지 않는 조력자의 은근한 조종에 더 쉽게 넘어갈 수 있기 때문에, 나르시시스트보다 조력자가 더 위험할 수도 있다. 따라서 조력자를 잘 알아보기 위해서는 그만큼 주의를 기울이고 의식적인 노력이 필요하다.

　내가 나르시시스트로 인해 너무나도 고통스러워서 어렵게 주변 누군가에게 그에 관한 이야기를 솔직하게 털어놓았는데 다음과 같은 반응을 보인다면, 상대가 특정 나르시시스트의 조력자는 아닌지 한번 돌아보아야 한다.

　　"○○가 정말 악의를 갖고 그런 행동을 한 것은 아닐 거야."
　　"네가 ○○가 하는 말의 의미를 잘못 받아들인 것이겠지."
　　"나는 ○○와 문제가 있었던 적이 한 번도 없었는데?"
　　"○○와 사이가 금방 좋아질 거야, 조금만 참아."
　　"네가 생각하는 것만큼 ○○와의 관계가 나쁜 것 같지는 않은데?"
　　"그래도 너무 안 좋게 얘기하진 마, ○○가 너를 위해 열심히 일하면서 고생하잖아."
　　"○○는 너무 솔직해서 본인 생각을 하나도 포장 안 하고 있는 그대로 얘기하는 스타일이라서 그래."

"그냥 좀 맞춰주면서 넘어가면 너도 마음이 편할 것 같아."

"본인도 자기 행동을 컨트롤하지 못하는 것 같아, 어쩔 수 없는 건가 봐, 그냥 내버려 둬."

"○○가 성격이 나쁜 것은 아닌데 많이 오버스러운 편이지?"

"○○가 어렸을 때 힘들게 커서 상처가 많아서 그런 거야, 이해해줘."

"○○가 너무 오냐오냐 귀하게 자라서 남들을 배려할 줄 몰라서 그렇지, 속이 나쁜 사람은 아니야."

그들은 도대체 무슨 이유로

이러한 반응으로 자신에게 극심한 정서적인 피해를 주는 나르시스트를 상대방이 밑도 끝도 없이 두둔한다면 더욱 주의 깊게 그를 돌아봐야 한다. 물론 일부 사람들은 상대를 위로하기 위한 방법으로 이런 말들을 하기도 한다. 그러나 내가 현재 경험하고 있는 고통에 대해 털어놓았는데, 그 고통을 충분히 받아들여 주고 공감해주는 대신, 나에게 고통을 주는 상대를 좋게 포장하거나 내가 왜곡하여 상대의 언행을 받아들인다는 식으로 말하는 사람들에게는 어느 정도 경각심을 지닐 필요가 있다. 이것 역시 자신에게 무슨 문제가 있어서 나르시스트와 갈등이 있는 것처럼 스스로를 의심하게 만드는 일종의 가스라이팅이기 때문이다.

그렇다면 그들은 무슨 근거로 나르시시스트에게 악의가 없으며 나쁜 의미가 아니었을 것이라고 말하는 것일까? 조력자 역할을 하는 사람들은 나르시시스트의 비위를 맞추고 거스르지 않으므로 그와 눈에 띄는 문제가 없었을 가능성이 높다. 그는 전혀 다른 양상으로 나르시시스트와 관계를 지속해왔기에 마치 나르시시스트가 아닌 상대에게 문제가 있다고 혼동하며 이야기하는 것이다.

또한 나르시시스트가 특정 조직이나 집단에 정기적인 물질적 지원을 하는 역할을 맡은 경우, '그가 경제적인 지원을 하느라 고생하고 있으니 그냥 넘어가자, 이해해주자'라는 분위기를 형성하는 조력자들이 많다. 하지만 절대로 물질적 제공이 정서적 학대를 합리화할 수는 없다. 다른 사람의 기분을 전혀 고려하지 않고 막말을 하는 나르시시스트를 보고 "솔직하다", "여과 없이 시원하게 표현한다"라는 말로 포장하는 것도 나르시시스트가 다른 사람에게 상처 주는 행위를 지속하도록 조력하는 행위이다.

"상황이 나아질 것이니 조금만 참아라", "맞춰주며 넘어가라"는 반응 역시 결국 나의 고통을 평가 절하하고 묵살해버리는 언행이다. 또한 나르시시스트의 적대적인 행동을 "그냥 좀 오버하는 편이다"라고 가볍게 표현하는 것도 상당히 부적절하다. 상대가 그냥 오버만 한다면 내가 그렇게 상처를 받겠는가? 오버하는 모습 이면에 나의 바운더리를 침범하고, 나를 통제하려고 들고, 나의 모든 에너지를 고갈시키는 적대적인 측면들이 나를 고통스럽게 하는 것이다.

조력자의 유형

그들은 왜 이렇게 건강하지 않은 나르시시스트를 조력하는 역할을 도맡아서 하는 것일까? 조력자마다 그 원동력에는 조금씩 차이가 있다. 나르시시스트와 마찬가지로 조력자들도 다양한 유형이 있다.

자신의 이득에 따라

첫 번째 조력자 유형은 나르시시스트로부터 또는 나르시시스트와의 관계로 인해 자신이 실질적인 이득을 보기 때문에 나르시시스트를 조력하는 부류이다. 따라서 현재 상황에 변화를 주는 것을 싫어하고, 나르시시스트가 그동안 해왔던 행동들을 지속하기를 바란다. 그들은 누군가가 나르시시스트로부터 받는 지속적인 가혹 행위에 개입하지 않으며 심지어 그의 행동을 합리화시켜주기도 한다. 예를 들어, 강압적이고 착취적인 상사의 행동에 "약육강식의 정글 사회에서 리더는 카리스마가 있어야 한다"는 식으로 말이다.

또 피해자가 자신에게 고통을 호소하거나 도움을 청하는 것을 아예 원천 봉쇄하기도 한다. 나르시시스트와 관련된 부정적인 이야기는 아예 듣지 않으려고 하는 것이다.

무지한 사람들

두 번째 유형은 나르시시스트에 대한 인지가 없는 무지한 조력자들이다. 이런 사람들에게는 피해자가 아무리 현재 상황을 반복적으로 설명해도, "서로 잘 해결해나가면 안 돼?", "누구나 실수할 수 있는데 너무 크게 문제 삼는 거 아니야?"라는 반응을 보일 수 있다. 나르시시스트에 대한 기본적인 이해가 아예 없기 때문에 나르시시스트의 행동을 실수로 여기고 그가 변화를 시도할 것이라는 가정하에 이야기하는 것이다.

그러나 이러한 무지한 조력자들의 반응은 의도성의 유무를 떠나서 피해자에게는 가스라이팅을 하는 것이며, 나르시시스트에게는 그들의 만행을 합리화시켜주는 행위이다. 피해자가 "이런 행동이 이번만 일어난 게 아니라 반복되는 패턴이다"라고 항의를 하면 무지한 조력자는 "그래도 네가 이해해주고 용서해주면서 같이 문제를 해결해나가면 좋지 않을까"라는 매우 이상주의적 발언을 할 수 있다.

좋은 게 좋은 거라는 긍정적인 사람들

다른 조력자 유형은 평소에도 매사를 지나치게 긍정적으로만 바라보려고 하고, 다른 사람들에게도 그렇게 하기를 권하는 사람들이다. 그래서 이러한 조력자 유형은 나르시시스트에 대한 고통을 호소하는 피해자에게 "그래도 그 사람에게도 분명 좋은 면이 있을 거야! 너무 나쁜 면만 보려고 하지 말고 긍정적인 측면도 찾아보자!"

라고 이야기한다. 나는 오랜 기간 지속되어온 학대에 지쳐가고 있는데, 나에게 학대를 가하는 사람의 좋은 측면을 찾아보자고 하는 조력자들의 반응만큼 상대를 분통 터지게 하는 일은 없을 것이다. 또한 동시에, 마치 내가 상대의 부정적인 측면을 바라보기 때문에 이 상황을 헤쳐 나가지 못하고 있다는 식의 논리는 그렇지 않아도 나르시시스트의 정체와 이 상황에 대해 혼란스러워하는 피해자에게, 자신이 무언가 잘못하고 있다는 근거 없는 죄책감을 심어줄 수 있다.

비슷한 맥락에서 "이 어려운 상황을 해결해나갈 방법이 분명히 있을 거야!", "네가 조금만 더 노력한다면 분명 답이 보일 거야!"라는 근거 없는 낙천적인 태도를 보이며, 문제 해결을 위해 더욱 노력하기를 권유하는 조력자들도 있다. 이런 말들은 나르시시스트가 아닌 피해자의 노력이 더 필요한 것처럼 상황의 책임을 돌리는 언행이다.

긍정적인 태도를 부정적으로 이야기하는 것은 아니다. 다만 매사를 좋게만 포장해서 바라보려는 경향은 자칫 위험할 수 있다는 점을 강조하는 것이다. 어떤 사람이나 상황도 완벽할 수는 없기에, 상대방이나 현재 상황의 부족한 부분을 정확히 인지하고 있어야 더 나은 판단을 내리고 위험 부담을 줄일 수 있다. 피상적으로 "좋은 게 좋은 거지" 하며 매사를 깊게 들여다보지 않고, 중요한 문제의 근본적인 이유를 파악하지 않으려는 사람들은, 가까운 사람에게 중

대한 결함이 있거나 자신이 처한 상황에 큰 문제가 있다는 사실을 인지하게 되면 자신이 감당할 수 없다는 것을 무의식적으로 감지하기에, 이에 대한 인지를 회피하고 있을 가능성이 크다.

나르시시스트에게 의존하는

스스로의 욕구는 뒤로한 채 나르시시스트의 필요를 우선시하며, 그와의 건강하지 않은 관계를 인내하면서 자신의 존재감을 찾고 자존감을 유지하는 코디펜던트co-dependent 유형의 조력자들도 존재한다. 또한 나르시시스트가 건강하지 않음을 알고 있지만 또 한편으로는 나르시시스트와 관계를 지속하고 싶은 마음이 공존하면서, 상반되는 생각에서 오는 불편한 감정 상태인 인지부조화를 해소하고 싶은 욕구로 인해 나르시시스트를 조력하는 부류도 있다. 조력자 엄마는 난폭한 나르시시스트 아빠에 대해서 자녀들에게 이렇게 말할 수 있다.

"아빠가 어렸을 때 할아버지가 너무 무섭고 할머니께도 사랑을 못 받아서 그러는 거야. 또 아빠가 요즘 회사에서 스트레스가 심하시잖아. 그래도 아빠가 우리를 위해서 열심히 일하시고 돈도 벌어오시잖니."

이는 나르시시스트와의 관계 양상이나 현재 상황의 변화는 결국 본인의 불안정한 자존감이 뿌리째 흔들리는 것과 직결되어 있기 때문에, 나르시시스트 아빠가 자녀들에게 악영향을 준다는 것을 인지하고 있음에도 현재 이 상황을 그대로 유지하려고 하는 것이다.

"우리나라에서는 말이야"

우리나라에서 많이 볼 수 있는 유형으로 사회문화적 측면을 강조하며 나르시시스트에 조력하는 사람들이 있다. "우리나라 문화가 원래 그렇잖아", "연장자 말을 따라야지", "우리 조직에서는 원래 이런 식으로 일 처리해. 논리 따지지 마." 또는 "회사 생활을 하는 데 개인 생활이 어디 있어. 상사가 회식하자는데 개인적인 약속 때문에 참석을 못 한다는 게 말이 돼?" 등의 특정 사람들의 권위적이고 계층화된 행위들을 문화적인 잣대를 대며 정당화시키는 부류이다.

또 막대한 정서적인 고통을 가하는 나르시시스트 부모나 시부모로부터 적절한 거리 두기를 하려는 자녀들에게 "불효다", "자식으로서의 도리에 어긋난다"라며 둘 사이의 관계가 악화된 원인을 오히려 피해자인 자녀 측에서 찾으려는 경우도 너무 많다. 반대로 성인이 된 나르시시스트 자녀가 반복적으로 경제적 문제에 휘말려서 매번 연로한 부모가 그 상황을 해결해주다가, 부모가 더 이상 이대로는 안 될 것 같아 자녀에게 선을 그을 때 부모를 매정하다고 비난하는 것도 이러한 경우이다.

나르시시스트인 조력자

마지막으로 조력자 자신이 나르시시스트적 성향이 강한 경우도 있다. 자신도 같은 상황에서 나르시시스트와 비슷하게 생각하고 판단할 것이기 때문에 다른 사람들이 왜 나르시시스트의 행동을 문제시하는지 이해하지 못하고 그의 편을 드는 것이다. 예를 들어, 가족 내 나르시시스트끼리는 서로를 적극적으로 지지하는 모습을 자주 보인다. 나르시시스트 아들이 자신이 새로 시작한 사업이 성공할 것이라며 터무니없는 계획을 이야기하면, 나르시시스트 엄마는 현실적으로 그것이 실현 가능한지를 따져보지도 않고 "우리 아들은 무조건 성공할 것이 분명하지" 하면서 다른 자녀들의 입장은 전혀 고려하지 않은 채 나르시시스트 아들에게 가족 재산을 몰아주는 경우처럼 말이다.

오늘날 사회 전체에서 나르시시스트적 문화가 점차 강화되고 있는 데에는, 우리 사회 곳곳에 존재하고 있는 나르시시스트가 자신의 궤변을 늘어놓으며 그릇된 행동을 보일 때, 이를 곁에서 침묵한 채 보고 듣고 있기만 하며, 이를 문제시하지 않는 우리 모두에게 책임이 있다. 나 또한 스스로 인지하지 못하는 가운데 특정 나르시시스트를 조력하고 있는 것은 아닌지 항상 우리 자신을 돌아볼 수 있게 되기를 바란다.

Chapter 7

누구도 나를
함부로 대할 수 없다

···

만약 당신이 현재 나르시시스트와 가까운 관계 안에 놓여 있다면, 나르시시스트로부터 자신을 보호하기 위해서 지켜야 할 가장 중요한 세 가지 원칙을 기억하길 바란다.

먼저 상대가 나르시시스트라는 사실을 인지하는 것이다. 그리고 그런 인지가 생기기 위해서는 나르시시스트에 대한 깊이 있는 지식과 이해가 필요하다. 내가 유튜브 채널을 운영하고 책을 집필하는 가장 큰 이유 중 하나가, 많은 사람들이 주변의 나르시시스트에 대한 정확한 인지를 했으면 하는 바람에서다.

두 번째, 나르시시스트가 변화되기란 결코 쉽지 않을 것이라는 사실을 분명히 받아들이는 것이다. 나르시시스트가 자신의 문제에 대해 온전히 인식하고, 강한 의지로 변화를 위해 온 힘을 다해 노력하지 않는 이상 말이다.

나를 찾아오는 많은 내담자분을 보면 나르시시스트에 대한 인지가 처음으로 생긴 초반에는 오랜 기간 납득이 되지 않던 여러 정황이 이해되면서 이 상황이 내 잘못이 아니라는 사실에 그동안 자신을 부당하게 짓눌러 왔던 자책감에서 해방되는 기분을 경험한다. 그러나 얼마 후 나르시시스트 부모 또는 배우자가 스스로의 의지나 노력 없이는 변하지 않을 것이라는 사실을 받아들이는 순간, 지금까지 상대에게 들인 자신의 많은 시간과 노력이 상실되는 느낌이 들면서 큰 좌절감과 비애를 경험한다. 또한 저절로 변화가 찾아올 수도 있다는 희망을 내려놓는 과정에서 현실을 있는 그대로 직시하게 되고, 그동안 변하지 않을 상황에 머물러 있던 자신에게 수치심을 느끼며, 앞으로 다가올 미래에 대한 두려움을 경험하게 된다. 그러나 나르시시스트가 쉽게 바뀌지 않는다는 사실을 명확히 하기 전에는 악순환의 고리를 끊을 수 없음을 확실히 기억해야 한다.

세 번째, 나르시시스트로부터 적절한 거리 두기가 필요하다. 어떤 사람들은 나르시시스트에 대한 인지가 생기고 상대가 변화할 가능성이 희박하다는 사실을 온전히 받아들인 후 관계를 아예 단절하는 등, 철저하게 물리적인 거리 두기를 시행한다. 그러나 현실적인 이유 또는 감정적인 요소로 인해서 나르시시스트와 어느 정도 관계를 유지해야 하는 상황들이 완벽한 거리 두기가 가능한 상황보다 많다. 따라서 이번 장에서는 이를 바탕으로 나르시시스트와의 관계에 대처하기 위한 여러 방법들에 대해 보다 자세히 살펴보고자 한다.

당신의 육감은
당신의 생각보다 정확하다

나르시시스트를 처음 만났을 때 자신의 몸에서 본능적으로 보내오는 신체적인 반응은 중요한 단서가 될 수 있다. 누군가를 만났는데 왠지 모르게 소화가 잘 안 되고, 가슴이 답답하고, 입이 마르고, 어질어질한 느낌 등이 있다면 이는 내 몸에서 상대가 위험한 사람이라는 것을 알려주는 신호일 수 있다.

우리 몸은 참 신비하다. 어떠한 강렬한 감정을 불러일으키는 경험을 하는 경우, 우리 뇌는 그 경험에 대한 기억을 감정과 함께 저장한다. 그래서 머릿속에 오래 남아 있는 기억들은 대부분 감정과 함께 저장된 것들이다. 예를 들어, 우리가 10년 전 어느 날 집에서 점심으로 무엇을 먹었는지는 기억나지 않지만 10년 전 평소 가보고 싶었던 레스토랑에서 특별한 점심을 먹었던 것은 어렴풋하게라도 기억나는 이유는, 설렘과 즐거움이 그 기억에 입혀져 있기 때문이다.

부정적인 감정에 대처하는 뇌

마찬가지로 슬픔이나 분노 등의 부정적인 감정을 수반한 기억도 그 감정과 함께 머릿속에 저장된다. 그런데 인간은 생존 본능적으로 자신을 힘들게 하는 기억을 지워버리는 경향이 있다. 예를 들어 사랑하는 사람과 사별한 사람이, 죽음 직후 겪은 극심한 비애가 동반된 경험들을 평생 생생하게 기억한다면 어떻게 살아갈 수 있겠는가? 기억도, 감정도 점점 무뎌지게끔 우리 뇌가 만들어져 있다.

그런데 어떤 경우 우리 뇌는 힘들었던 기억 자체는 머릿속에서 지우는데, 당시에 느낀 감정은 남아 있는 경우가 있다. 예를 들어 큰 트라우마를 겪은 후 당사자의 머릿속에서 그 사건에 대한 기억 자체가 희미해질지는 몰라도 그 사건을 경험하면서 느낀 감정, 즉 공포감과 불안감 등은 뇌에 저장될 수 있다. 교통사고 이후 사고 정황에 대해서는 정확히 기억나지 않아도, 자동차가 옆으로 지나가거나 경적 소리만 나도 깜짝 놀라며 사고 당시 느꼈던 공포감을 경험하게 되는 것을 예로 들 수 있다.

나르시시스트를 기억하다

나르시시스트와의 경험도 마찬가지이다. 나르시시스트와 밀접한 관계를 한번 맺어본 사람들은, 그 관계 안에서 일어나는 모든 일들이 외상적으로 느껴질 수 있다. 나르시시스트의 착취와 무시, 가스라이팅, 뼛속까지 시리게 하는 상처들은, 당하는 사람으로 하여금 공포심, 분노감, 억울함, 서러움 등 표현할 수 없을 정도의 힘든 감정을 느끼게 한다. 또 그가 초래한 강렬한 부정적인 감정은 관계가 끝났더라도 뇌 속에 계속 저장되어 있을 수 있다. 그런데 새로 만난 사람이 또 다른 나르시시스트라고 가정하자. 나르시시스트들은 근본적인 심리 구조가 비슷하여, 그 둘은 풍기는 분위기나 문득문득 보이는 행동이 유사할 가능성이 높다.

우리는 무의식적 의사소통Unconcious Communication이라는 것을 늘 한다. 의식적으로 하는 말이나 행동을 통해서가 아닌, 말투나 목소리 톤, 미묘한 표정이나 몸짓을 통해서 상대에게 많은 정보를 전달하는 것이다. 따라서 처음부터 '저 사람이 나르시시스트구나!'라는 의식적인 인지가 바로 생기지는 않더라도, 나르시시스트의 무의식적 의사소통을 통해 우리 또한 무의식적으로 상대가 나르시시스트임을 감지할 수 있다. 그리고 이때 뇌 깊숙이 저장되어 있던 과거 나르시시스트로 인해 초래된 감정들이 수면 위로 올라오며, 그 부정적인 감정들은 스트레스로 작용하여 교감 신경을 활성화시킨다.

그 결과 소화 불량, 호흡 곤란, 가슴 두근거림, 어지러움 등 몸에 여러 증상들이 생길 수 있는 것이다. 따라서 누군가와의 만남에서 내 몸에서 직감적으로 감지하는 느낌, 나의 육감을 적절하게 따를 필요가 있다.

아무 반응도 하지 않는 회색돌

앞서 강조하였듯이 나르시시스트에게는 서플라이의 역할이 중요하다. 그 이유는 나르시시스트는 스스로 자존감을 조절하는 것을 어려워하기 때문에 부정적인 감정을 회피하기 위해 외부로부터 지지를 얻어야 하기 때문이다. 그들은 자신에 대한 확신이 없다 보니 다른 사람으로부터 자신의 가치에 대한 확인을 계속 받아야 하며, 주변 사람들의 반응이 없다면 공허함을 느낀다.

과거 나도 상사에게 서플라이 역할을 해준 경험이 있다. 상사는 처음부터 나를 가까이하고 개인적인 어려움이나 고민에 대해 나눠주곤 했다. 상사는 아래 직원들의 정서적 지지를 간절히 원했기에 나는 그를 배려해주는 마음으로 최선을 다해서 보필해주었다.

그러나 끊임없이 정서적인 지지를 제공하는 것은 매우 지치는 노릇이다. 이후 나는 서플라이 역할에서 벗어나려고 몇 차례 시도했으나, 상사는 조력자 역할을 하지 않는 것은 일을 열심히 하지 않는 것이라고 강조했고, 나는 또다시 서플라이 역할을 하게 되었다. 결국 상사는 결정적인 순간에 나의 신뢰를 크게 저버리는 행동을 하였고, 나는 이후 서플라이 역할에서 벗어나는 데 성공했다.

반응하지 않는 돌

나르시시스트와의 관계에 최대한 끌려들어 가지 않으려면 나르시시스트가 자신이 원하는 서플라이를 하게끔 강력한 신호를 보내도 이를 무시하고 잘 버텨야 한다. 이를 위해 가장 필요한 것이 바로 회색돌gray rock 기법이다. 이는 서플라이 역할에 대한 무언의 압박을 주는 나르시시스트에게 감정의 동요 없이 무미건조한 무반응으로 일관되게 대처하는 기술이다. 즉, 정말 그 사람에게 하나의 돌처럼 반응하는 것이다.

어린 시절 주양육자에게 미러링을 제대로 받지 못한 나르시시스트는 성인이 되어서 자신이 보고 싶어 하는 자신의 과대한 모습을 그대로 비춰서 반사해주는 대상을 원한다. 그렇기 때문에 아무리

보고, 만지고, 던져도 반응이 없으며, 상대의 모습이 비춰지지도 않는 돌이 되는 것이 필요하다. 그래야 나르시시스트가 자신의 공급원 역할을 해줄 것을 압박하지 않을 수 있다.

과거 그 상사에게 별 반응을 하지 않는 후배들이 있었는데 상사는 당시에도 그 후배들에게 "왜 이렇게 반응이 없냐, 회식 자리에서 왜 이렇게 조용하냐"라고 타박하며 자신에게 맞춰주기를 원했다. 그러나 그들은 여전히 묻는 말에만 간략하게 대답하고, 개인적인 얘기는 한마디도 하지 않았다.

그런데 시간이 지날수록 상사는 반응이 없는 후배들을 점차 덜 찾기 시작했으며, 개인적인 일도 덜 시키고, 회식 자리에도 부르지 않았다. 지금 생각해보면, 그 후배들은 이미 회색돌 기법을 몸소 터득하고 시행하고 있었던 것이다. (나는 지금도 그 후배들과 친하게 지내는데, 사적인 자리에서는 리액션도 좋고 재미있는 친구들이다. 회색돌 기법의 고수임을 인정한다.)

감정을 드러내지 않는 돌

회색돌 기법은 외부 공급원 역할을 끊는 것뿐만 아니라 또 다른 부분에서도 효과적이다. 나르시시스트는 상대방이 감정적으로 행동하는 것, 예를 들어 화를 내거나, 울면서 슬퍼하거나, 극도로 스트레스 받는 것을 보면 그 상황을 즐길 수 있다. 나르시시스트는 만성적인 공허감으로 인해 지루함을 쉽게 느끼는데. 상대방이 매우 감정적으로 반응하는 등 자신에게 자극적으로 느껴지는 행위를 하면, 지루함이 덜해지기 때문이다.

그들은 또 상대방의 감정적인 반응을 통해 우월감을 느끼기도 한다. 누군가가 자신의 감정을 드러내면 그 사람의 취약함이 드러났다고 생각하고, 상대적으로 훨씬 더 안정적으로 보이는 자신이 더 우월한 사람인 양 느끼는 것이다.

나르시시스트는 피해자 코스프레를 하기 위해, 즉 자신이 실제로 피해를 받지 않았음에도 불구하고 피해자 역할을 하기 위해 상대방을 격동시킨다. 나르시시스트가 반복적으로 배려심 없고 자기중심적인 모습을 보이면, 주변 사람은 화가 날 수밖에 없다. 그런데 이때 나르시시스트가 한술 더 떠서 상대방을 감정적으로 자극시키는 행동을 일부러 더 하면, 상대는 참다못해 나르시시스트에게 화를 내며 격한 반응을 보일 수 있다. 바로 그때 나르시시스트는 "당신 나를 너무 막 대하는 거 아니야? 당신 때문에 내가 상처받고 마음이 불편해" 하면서 상대방을 오히려 나쁜 가해자로 만들고 자신이 피해자인 양 행동하는 경우가 많다. 그렇게 되면 상대방이 죄책감으로 인해 자신에게 우호적으로 대할 가능성이 높아지고 주변 사람들에게도 동정표를 얻을 수 있기 때문이다. 영화나 드라마에서 주인공을 질투하고 괴롭히던 친구가 주변 사람들에게 연민과 지지를 얻는 반면, 주인공이 나쁜 사람으로 오해받는 뻔한 시나리오가 실제 우리 주변에서도 흔히 일어나는 것이다.

앞서 이야기했듯이, 상대방이 감정 표현을 격하게 하면 나르시시스트는 여러 방면에서 이득을 보기 때문에, 나르시시스트는 감정 표현이 풍부한 사람을 옆에 두려고 하는 경향이 있다. 그래서 나르시시스트가 주변에 있을 때는 회색돌을 떠올리며 마음속 깊은 생각이나 감정을 표현하지 않는 무반응의 기술을 연마해야 하는 것이다. 나르시시스트가 나를 지루한 존재로 인식할 때까지 늘 앞에서 아무런 빛깔을 띠지 않고, 여러 사람들 가운데에서 배경처럼 묻혀버리는 그런 모습을 보여야 한다. 이는 특정 동물이 다른 동물의 공격을 받지 않도록 죽은 척하는 것과 비슷한 맥락이다.

관심 밖이 되기까지

그런데 맹수 앞에서 죽은 척하는 것이 쉽지 않듯이, 나르시시스트 앞에서 회색돌 기법을 실천하는 것 또한 녹록지 않다. 예를 들어, 내가 그동안 나르시시스트에게 지속적으로 외부 공급원 역할을 해줬었는데 갑자기 회색돌 기법을 사용하기 시작했다고 가정해보자. 나르시시스트 입장에서는 상대를 매섭게 공격할 수 있다. "도대체 뭐가 문제냐, 어디 아프냐, 왜 말을 제대로 안 하냐, 무엇이 불만이냐" 등의 얘기들을 지속하며 화를 냈다가, 회유도 했다가, 심지어 협박도 할 수 있다. 나르시시스트 직장 상사의 경우에는 무언의 협박으로 부하 직원을 중요한 회의 자리에 부르지 않고, 높은 직위에 있는 사람들에게 일부러 좋지 않은 얘기를 흘리며, 승진에서 누락시키는 식으로 괴롭힐 수 있다.

그러나 내가 괴로운 중에도 회색돌 기법을 잘 유지한다면, 즉 나르시시스트가 아무리 나를 자극해와도 반응하지 않고 내가 할 일만 묵묵하게 한다면 나르시시스트의 나에 대한 관심도가 서서히 떨어지고 나를 지루해하며, 나중에는 그의 관심 밖이 되어서 더 이상 나를 건드리지 않는 평안한 상황이 올 가능성이 다분하다.

물론 처음에는 누군가의 관심 밖이 된다는 것은(그가 아무리 나르시시스트라고 할지라도) 여러 이유에서 마음이 불편할 수 있다. 그렇지만 나르시시스트의 굴레 안에 머물러 있을 때 앞으로 내가 경험하게 될 착취와 괴롭힘과 불이익을 생각한다면, 상대적으로 단기간 동안 지속되는 마음의 불편함은 충분히 감내할 가치가 있을 것이다. 더 나아가서 누군가와 새롭게 관계를 시작할 때, 상대가 어떤 사람인지 충분히 파악되기 전까지는, 내가 아무리 선천적으로 감정이 풍부하고 표현을 잘하는 사람이라고 할지라도, 꼭 필요한 만큼만 나의 속내와 감정을 보여주도록 하자. 나의 깊고 진한 감정들은 이미 내가 잘 알고 신뢰하는 가까운 사람들과 공유하는 것이 현명하다.

자기 방어는 도움이 되지 않는다

나르시시스트가 늘 상대방이 잘못했다고 비난하는 여러 이유 중 하나는 투사 방어기제를 과하게 사용하기 때문이다. 심리 상태가 불안정한 나르시시스트는 차마 받아들이기 힘든 자신의 부정적인 생각과 감정, 공격성 등이 마치 다른 사람의 것인 양 상대방한테 투사한다. 이런 무의식적인 심리 기전이 지속적으로 작동하는 가운데, 그외의 나르시시스트적 특성들까지 가세하여, 나르시시스트는 자신의 문제를 남 탓으로 잘 돌리고, 무고한 상대방을 능숙하게 몰아세운다.

이에 상대방은 억울한 마음에 나르시시스트 앞에서 스스로에 대한 방어를 하게 되는데, 이런 방어는 오히려 나르시시스트가 나를 더 괴롭히는 화근으로 작용할 수 있다. 물론 일반적인 상황에서 상대가 나에게 잘못을 지적하는 경우, 내가 왜 그렇게 행동할 수밖에 없었는지 그 이유를 설명할 필요가 있다. 하지만 나르시시스트가 나에게 잘못을 추궁하는 대부분의 경우는, 내가 실제로 무슨 잘못을 해서가 아니라 본인의 기분이 좋지 않아서, 나를 깎아내리거나 조종하기 위한 수단으로, 또는 자신의 취약점을 나에게 투사하기 위해서 등의 이유에서다.

그렇다면 내가 하지도 않은 잘못에 대해 방어해야 하는데, 자신이 그 잘못을 하지 않았다는 주장 외에는, 잘못에 대한 방어를 하는 것 자체가 말이 안 된다. 그래서 이미 자신의 왜곡된 심리로 인해 상대가 잘못을 했다고 굳게 믿는 답정너 나르시시스트 앞에서는 그 어떠한 방어도 성립이 되지 않는 것이다.

들을 생각이 없는 이들에게

또한 애초에 내 얘기를 들을 생각조차 없는 나르시시스트에게는 이런 자기 방어가 아무런 효과나 의미가 없다. 무턱대고 싸우자고 덤벼드는 사람한테 나의 불필요한 장기 방어는 말꼬투리를 잡힐 만한 좋은 빌미를 제공해줄 뿐이다.

그럼에도 불구하고 밥 먹듯이 상대를 지적하고 비난하는 나르시시스트 곁에 있는 사람들은, 늘 그로부터 부당한 공격을 받기 때문에 끊임없이 스스로를 방어해야만 한다고 느낄 수 있다. 그래서 과거 서로 주고받았던 문자나 이메일 등을 찾아서 증거로 제시하며 결백을 증명하려 하기도 하고, 나르시시스트가 얼마나 상황을 왜곡하여 얘기를 하는 것인지 논리적으로 반박하기도 하며, 근거 없는 비방에 심적으로 얼마나 고통스러운지 감정에 호소하기도 한다. 이 모든 행동들이 더 이상 상처받지 않으려고 자신을 방어하기 위한 몸부림이다.

그런데 중요한 점은, 나르시시스트는 객관적으로 상황이 어떤지, 상대의 심정이 어떤지 신경을 쓰지 않는다는 것이며, 자신의 상한 기분을 풀기 위해 탓하고 비난할 누군가가 필요할 뿐이라는 사실이다. 그렇기 때문에 이런 자기 방어 행위들이 나르시시스트 앞에서는 효과가 없다.

예를 들어 나르시시스트 남편은 특정 음식이 먹고 싶다고 전날 지나가듯이 표현했는데, 아내가 별생각 없이 다음날 다른 음식을 저녁 식사로 차려줬다면, 남편은 아내가 자기를 무시한다며 화를 낼 수 있다. 나르시시스트는 본인이 원하는 만큼 상대가 자신을 대우해주지 않으면 쉽게 모욕감을 경험하기 때문이다.

아내가 "당신이 먹고 싶다는 음식만 매일 어떻게 해, 그날 남아 있는 재료를 사용해야 하는 경우도 많은데. 알뜰하게 살림하려고 그러는 거지, 그게 어떻게 당신을 무시하는 거야"라고 방어를 했다고 가정하자. 그러면 나르시시스트 남편은 "돈은 내가 버는데, 나보고 찌꺼기 재료로 만든 음식만 먹으라는 거야? 이제 보니 나를 음식물 쓰레기통으로 생각하나 보네, 그게 나를 무시하는 게 아니면 뭐가 무시하는 거야!"라고 나올 수 있다.

따라서 가장 현명한 방법은 나르시시스트의 비방에 말려들어 가지 않기 위해 별다른 반응 없이 방어하지 않는 것이다. 아내가 음식 투정을 하는 나르시시스트 남편에게 말꼬투리만 잡힐 방어 대신에, "당신이 그 음식을 많이 먹고 싶었나 보구나, 내일 꼭 해줄게" 하고 대화를 끝내 버리면 불필요한 나르시시스트와의 언쟁을 피할 수 있다.

지난 얘기들까지 들먹이며

또한 나르시시스트는 상대방이 과거에 조금이라도 자기한테 잘못했다고 느끼면, 그것에 대해 한을 품고 이후 두고두고 그 잘못을 언급하는 경우가 많다. 그래서 나르시시스트와 오랜 기간 함께 지낸 사람일수록, 즉 가족으로 몇십 년을 함께 살았다면 내가 한 아주 작은 실수조차 그의 마음속에 차곡차곡 쌓여서 고이 간직되어 있다고 생각하면 된다. 이에 전혀 다른 일로 갈등이 생겼는데, 나르시시스트는 몇 달 전에 일어난 일, 심지어는 몇 년 전에 일어난 일을 꺼내서 나에게 잘못을 추궁할 수 있다. 부부가 자녀의 교육 문제와 관런하여 의견 차이가 생겨 다투는 상황에서, 나르시시스트 배우자는 갑자기 이렇게 얘기할 수 있는 것이다.

"작년에 당신 동창회 끝나고 술 취해서 집에 들어왔잖아, 그게 부모가 할 짓이야? 애들한테 모범을 보여야지, 무슨 그런 사람이 애들 교육 갖고 이래라 저래라야!"

작년 일이 지금 대화 주제와는 아무런 상관이 없는데도 말이다. 그러나 "그게 지금 이 일이랑 무슨 상관이야? 그리고 동창들과 술 한번 마실 수도 있지, 무슨 그런 말도 안 되는 걸로 시비야!"라고 아무리 대꾸하고 싶어도 참아야 하는 이유는, 나르시시스트 배우자는, "술 취한 게 뭐 잘한 짓이라고 큰소리야, 당신 같은 사람은 믿을 수가 없어. 그러니까 애들 일은 그냥 내가 하자는 대로 따라!" 등의 반응으로 말꼬투리만 잡으며 본래 논쟁에서 자신이 우위를 차지할 구실만 더 찾을 것이기 때문이다.

자기 방어 대신에 해야 할 것

정리하자면, 나르시시스트가 나를 부당하게 비난하는 상황에서는 나르시시스트가 교묘하게 비틀어서 사용할 수 있는 필요 이상의 정보를 제공하지 않기 위해서라도 자기 방어는 하지 말아야 한다. 필요하다면 객관적으로 일어난 사실만 아주 간략하게 언급하되, 내

의견이나 감정 상태는 공유하지 않는 것이, 아무런 이득도 없는 나르시시스트와의 피 말리는 공방으로 이어지는 상황으로부터 어느 정도 나를 보호하는 길이다.

나르시시스트가 대면이 아닌 문자나 이메일로 나를 부당하게 비난하는 경우에도 감정이 실린 긴 답글로 나의 결백을 주장하려고 애쓰지 말자. 나르시시스트는 두고두고 그 글을 인용하며 꼬투리를 잡을 수 있다. 기록이 남는 상황에서는 더욱 "예", "아니오", "알았어요", "이해했습니다" 등의 단답형으로 말할 것을 권유한다. 덧붙여 나르시시스트에게 불필요하게 자기 방어하는 데 사용되는 우리의 소중한 시간과 에너지를 자신의 발전과 사랑하는 사람들과의 의미 있는 관계들에 사용하길 바란다.

그 사람을 직면시킬 수 있다는 착각

나르시시스트에 대한 정확한 인지가 없는 단계에서는 막연하게 '저 사람이랑 있으면 너무 힘들다'라고 느끼며, 나의 힘듦은 내가 나약해서 그러는 것이라고 잘못 생각하는 경우도 많다. 그러나 특정한 계기로 인해 나르시시스트와 그들의 심리와 건강하지 않은 행동 패턴을 인지하게 되면, '내 잘못이 아니었구나! 상대방이 나르시시스트라서 생긴 문제구나!'라고 깨달으며 눈이 번쩍 뜨이는 경험을 하게 된다. 그러면서 나르시시스트 당사자에게 이렇게 말하고 싶다.

"당신 나르시시스트야! 내가 아니라 당신이 이상해서 여태 나를 힘들게 했다는 것 인정해!"

그러면서 다시는 당신에게 당하지 않을 것이라고 통쾌하게 일침을 날려주고 싶은 강렬한 욕구가 생길 수 있다.

그런데 다른 한편으로는 '이렇게 얘기한다고 본인이 인정을 할까? 본인이 나르시시스트라는 것을 직면시키는 것이 과연 현명한 방법일까?'라는 의문이 동시에 들 수 있다. 정서가 건강한 사람들도 자신의 잘못을 인정하는 것을 어려워하는데, 자존감이 불안정한 나르시시스트가 "그래, 내 문제가 맞아. 내가 잘못했어"라며 순순히 본인의 잘못을 인정할 가능성은 낮기 때문이다.

직면시킬 때 보이는 반응

따라서 "나르시시스트를 직면시키는 것이 과연 좋은 방법인가?"에 대한 대답은 "아니오"이다. 나르시시스트를 직면시키는 경우 그는 크게 몇 가지 반응을 보일 수 있다.

우선, 폭발적으로 화를 내며 자신을 직면시킨 상대방을 신랄하게 공격할 가능성이 높다. "뭐라고! 내가 나르시시스트라고? 웃기지마, 네가 나르시시스트야!"라면서, 상대의 약점과 과거 잘못한 행동들을 조목조목 따지며 상대가 지칠 때까지 비난을 이어갈 수 있다.

나르시시스트가 자신을 직면시킨 상대를 이토록 공격하는 이유도 결국 무능감이 불러오는 수치심과 연결된다. 나르시시스트에게 수치심은 곧바로 분노감을 불러일으키며, 이는 곧바로 자신을 직면시킨 상대방을 향한 공격으로 이어지는 것이다.

겉으로 보이는 나르시시스트의 과대하고 적대적인 특성은 내면의 불안정한 자존감을 보호하기 위해 형성된 것이다. 그런데 자신을 나르시시스트라고 인정하는 것은 결국 자신의 비대한 보호막의 안쪽에서부터 균열이 생기는 것이고, 이는 자존감 저하로 이어질 수 있기에 극구 현 상태를 부인하는 것이다. 나르시시스트는 인사이트insight, 즉 자신의 건강하지 못한 측면에 대한 인식이 특히나 부족한 것으로 알려져 있다. 이에 주변 사람들은 그 사람이 이상하다는 것을 다 알고 있는데, 본인만 모르는 경우가 많다.

또 나르시시스트는 선천적으로 싸움을 즐기고 잘하는 부류이다. 그들은 많은 경우 언변이 화려하고 상대를 가스라이팅하는 것에 능숙하여, 갈등 상황에서 상대방이 모든 잘못을 한 것처럼 상황을 몰아간다. 그들은 대립 상황에서 프로파이터처럼 가뿐하게 케이오KO 시킬 수 있으며, 상대는 크나큰 내상을 입을 수밖에 없다.

따라서 나르시시스트를 직면시킨 후 언쟁이라도 나면 결국 손해를 보는 쪽은 상대일 가능성이 크다. 또 나르시시스트는 보복적인 특성이 강해서 자신에게 작은 피해라도 입혔다고 여기는 사람들에게는 반드시 복수를 강행한다. 자신을 직면시킴으로써 수치심을 느끼게 한 상대방을 두고두고 괴롭힐 수 있는 것이다. 이에 현실적으로 어느 정도 관계를 유지해야만 하는 주변의 나르시시스트들, 즉 가족이나 직장 동료처럼 거의 매일 마주해야 하는 나르시시스트를 선불리 직면시켰다가는, 매일이 고난의 연속이 될 수 있다.

진료실 안에서의 나르시시스트

정신과 치료에서 핵심 과정 중의 하나는 바로 환자들에게 자기 스스로에 대한 인식, 즉 인사이트가 형성되도록 도움을 주는 것이다. 특히 무의식이 상당 부분 작용하는 심리적인 요인들과 관련해서는 환자들이 자신의 상태에 대한 정확한 인지가 부족할 수밖에 없다. 심지어는 생물학적인 요소가 발병에 크게 작용하는 정신과 질환에서도 증상에 대한 인식이 치료 초반에 부족한 경우가 많다. 예를 들어 조울증의 경우, 우울할 때에는 자신의 상태에 대한 인식, 즉 병식이 어느 정도는 있다. 우울하면 잠도 못 자고 불안하고 무기력하며 힘들기 때문에, 자신에게 무슨 문제가 있다는 것을 인정할 가능성이 높아진다. 반면에 조증일 때에는 병식이 있는 경우가 상대적으로 적다. 조증 상태일 경우 지나치게 기분이 들뜨고, 활동량이 과해지고, 위험한 행동을 하는 등의 증상들이 정상적이지 않음을 다른 사람들은 인지하지만, 정작 본인은 기분이 좋고 에너지가 넘치는 등 현재 일어나고 있는 증상들이 힘들다고 느껴지지 않기에, 우울증 시기에 비해 본인에게 문제가 있다고 인지하기 어려운 것이다.

나르시시스트도 자신의 적대적인 특성으로 인해 본인은 오히려 이득을 보는 등 당장 표면적으로 경험하는 불편감은 없기 때문에 자신에게 무슨 문제가 있고 자신의 행동이 잘못됐다는 인지가 생길 가능성이 낮다. 나도 종종 받는 질문 중 하나가, "병원에 나르시시스트적 측면이 강한 환자들도 내원할 텐데, 치료 목적 중 하나가 본인에게 인사이트가 생기는 것이라면, 진료실에서는 나르시시스트를 직면시키는가?"이다.

먼저 분명히 해두어야 하는 것은, 나르시시스트는 진단명이 아니기에 나는 진료실에서 "당신은 나르시시스트입니다"라는 표현을 사용하지 않는다. 그리고 자기애성 성격 특성이 강한 사람들이 자신의 나르시시스트적 요소 때문에 치료를 받으러 오는 경우는 많지 않다. "제가 스스로를 너무 높이 평가하고, 공감 능력이 부족하고, 주변 사람들을 조종해요" 등을 주호소로 치료를 받으러 오는 사람은 드물다.

이와 같은 사람들이 치료를 받게 되는 주된 이유는 성격 특성들로 인해 생기는 이차적인 문제들 때문이다. 예를 들어 배우자가 이혼을 요구하거나, 자식들이 연락을 단절하거나, 직장에서 동료들과 잦은 갈등이 생기는 등 대인 관계 어려움과 동반되는 우울감 등의 불편한 증상들로 인해 치료를 받는 경우가 대부분이다. 그런데 이 증상들의 근본적인 원인은 당사자의 나르시시스트적 측면들이기 때문에, 당연히 치료 안에서 이를 다뤄주어야 한다. 그러나 처음부터 "당신은 이러이러한 자기애성 성격 특성이 두드러지게 존재하기 때문에 힘든 것입니다"라고 바로 직면시키지 않는다. 그 이유는 나르시시스트 당사자가 치료 초반부터 직면을 받아들이지 못할 것을 알기 때문이다.

몇 달 심지어는 몇 년 동안 치료자는 서서히 치료 관계rapport를 쌓아가는 가운데, 나르시시스트적 성향이 강한 당사자로 하여금 자신이 어떤 패턴으로 생각하고 느끼고 사람들을 대하는지, 스스로 인지할 수 있도록 도와준다. 이처럼 자신이 변화하겠다는 생각하에 장기간 치료를 받으려는 의지가 있는 상황에서, 전문가 또한 천천히 조심스럽게 치료를 진행하며 형성되는 것이 스스로에 대한 인식이다. 아무런 변화의 의지도 없는 나르시시스트에게 주변 사람이 한순간 직면시킨다고 해서, 나르시시스트 당사자가 스스로에 대한 인지가 생길 가능성은 매우 낮다. 따라서 내가 아무리 나르시시스트에 대한 정확한 깨달음이 생겨서, 이를 통해 나르시시스트를 직면시키고자 하는 강렬한 충동이 일어나도 있는 힘을 다해 참아야 한다.

나르시시스트를 직면시키지 않는다고 해서 새롭게 형성된 나르시시스트에 대한 나의 인식이 허비되는 것은 아니다. 지금 내가 처한 상황에 도움이 되도록 나의 인지를 적용시켜서 내가 나르시시스트를 대하는 방법에 변화를 준다면 말이다. 따라서 나르시시스트에 대한 깊이 있는 인지를 바탕으로, 더 이상 그들의 계략에 넘어가지 않고 서플라이 역할을 중단해야 한다. 또한 나르시시스트의 행동을 합리화하거나 변호해주지 말고, 현실적으로 가능한 선 안에서 나르시시스트와 자신을 분리시켜야 한다. 내면이 불안정한 나르시시스트에게 없어서는 안 되는 공급원의 역할에서 서서히 벗어나는 것이 그 어느 직면보다도 나르시시스트에게 큰 영향을 끼치며, 장기적으로 나르시시스트로부터 나를 보호하는 가장 좋은 방법이다.

당신의 친절에는 한계치가 있다

나르시시스트는 자신보다 아래라고 여기는 주변 사람들을 대부분 다 괴롭히지만, 상대가 특정 행동이나 모습을 보일 때 유독 그 상대를 더 괴롭힐 수 있다. 그중 한 가지 특성이 바로 '친절함'이다.

정상적인 사람들은 상대가 친절한 모습을 보이면 자신도 상대에게 친절을 베푼다. 예를 들어 몸이 아파서 병원에 갔는데, 간호사가 자신에게 진료 과정에 대하여 자세히 설명해주면, 나 또한 진료 과정에서 약간의 불만이 생겨도 어느 정도 이해하고 매너를 지킨다. 그런데 나르시시스트는 상대의 친절에 대한 인지가 없다. 특권 의식으로 인해 상대가 자신에게 베푸는 친절을 당연한 것으로 여기기 때문이다. 이에 상대방의 친절에 대한 고마움도 느끼지 못한다. 또 자신이 상대에게 친절하지 않았을 경우 상대가 느낄 무안함이나 불쾌감에 대해서도 공감하지 않는다. 그들은 오히려 상대의 친절함을 나약함으로 인지할 수 있다. 자신이 아무리 함부로 대해도 상대가 계속 친절한 모습을 보이면 '저 사람은 내가 계속 무례하게 대해도 되는 사람인가 보다'라고 생각할 수 있는 것이다. 워낙 힘의 상하관계에 집착하는 부류라 상대의 친절을 나에 대한 배려라고 여기지 않고 상대가 나보다 약해서 고분고분하게 행동한다고 인식한다. 그래서 유독 친절한 사람을 나르시시스트는 더욱 괴롭힐 수 있다.

가족 관계 내에서도 나르시시스트는 상대가 친절을 베풀면 더욱 상대를 만만하게 보고 횡포를 부릴 수 있다.

S양의 시어머니는 나르시시스트인데, 남편이 스케이프고트 역할로 성장했기에 이에 대해 확실하게 인지하고 있었다. 시어머니가 S에게 무례한 행동을 반복하자 남편은 먼저 S에게 '엄마와 당분간 연락을 하지 말자'라고 제안했다. 그런데 명절이 다가오자 S는 시어머니에게 안쓰러운 마음이 들어서 남편을 설득하여 시어머니가 좋아하는 음식과 과일을 준비하여 찾아뵈었다. 며느리 입장에서 시어머니를 배려하고 친절을 베푼 것이다. 그런데 역시나 시어머니는 고마움의 표시는 전혀 없이 "음식이 너무 짜다, 과일 상태가 안 좋다" 지적만 하며, "그럼 그렇지, 너

희가 나한테 그렇게 못되게 굴고 마음이 불편해서 배기겠냐, 너희 마음 편해지려고 찾아온 거지? 이런다고 나 화 안 풀어" 하면서 아들 내외가 자신에게 베푼 친절을 무참히 짓밟는 모습을 보였다.

이처럼 나르시시스트가 나의 친절을 고마워하며, 나에게도 같은 친절을 베풀 것이라 기대해서는 안 된다. 나르시시스트는 결국 나의 친절과 배려를 함부로 사용할 것이다. 특히 나르시시스트가 가족처럼 늘 옆에 있는 사람이라면, 마음속의 친절함을 모두 고갈시켜 다른 사람을 향한 친절이 남아 있지 않게 된다. 따라서 나르시시스트 옆을 오래 지키는 사람들 본인도, 주변의 의미 있는 관계들이 점점 줄어들 수 있다.

우리가 가능한 선에서 처음 보는 사람이든, 계속 알고 지내는 사람이든 어느 정도 친절한 모습을 유지하는 것이 당연히 가장 바람직하다. 또한 아무리 상대가 나르시시스트라고 해도 일부러 무례하게 행동하는 것은 옳지 않다. 다만, 나의 친절과 배려에도 한계가 있음을 인지한 채, 그것을 받을 자격이 있는 상대방 위주로 베풀어야 한다는 것이다.

나를 이간질하고 모함하는 사람에게

나는 20대 초반 보컬로 의대 밴드 활동에 참여했다. 힙합 가수들의 피처링도 했고, 지인들의 결혼식 축가를 100번 가까이 불렀다. 노래에 진심이었던 나는 의대 밴드 외에도 친구들끼리 모여 밴드를 하기도 했는데 이때 평소 알고 지내던 네 명의 친구를 멤버로 섭외했다(편의상, A, B, C, D라고 호칭하겠다). 그런데 당시에는 몰랐지만 지금 돌아보니 그중 한 명의 친구 D가 나르시시스트적 성향이 매우 강했다. 아무런 이해관계 없이 친구로만 지냈을 때는 보이지 않던 모습들이 밴드 활동을 시작하며 점차 보이기 시작했다.

악기 담당이었던 D는 공연 시 보컬에게 주로 관심이 가는 것에 대해 불쾌감을 표현하며, 여러 무리한 요구를 해왔다. 원래 보컬이 중앙에 서는 것이 통상적인데, 우리 밴드는 획기적으로 변화를 주자며 보컬을 가장자리에 세우고 본인이 중앙에 서겠다고 하는 등 말이다. 또한 밴드 운영을 위한 모든 사안을 본인이 결정하려고 했다.

그런데 본인의 의견을 A, B, C가 흔쾌히 따라주지 않자 나를 따로 불러서 A, B, C의 연주 실력이 별로이니 본인이 아는 다른 사람과 함께 밴드를 새로 시작하는 것은 어떻겠느냐고 재차 물었다. 나는 D의 제안을 거절하는 것은 물론, 이후부터는 D의 터무니없는 다른 주장에도 강하게 반대하였다. 평소 나의 유한 모습만 봐오던 D는 다소 놀라는 눈치였다.

친구의 가스라이팅

그런데 어느 날부터 나와 오랜 시간 친하게 지내오던 B와 C가 나를 대하는 태도가 차갑게 변한 것이 느껴졌다. D가 제시하는 의견들이 객관적으로 분명히 잘못됐음에도 불구하고 D의 편을 들며 그가 하자는 대로 따라가는 모습을 보였다. 나는 B와 C의 급변한 태도에 매우 혼란스러웠고 상처를 받았다. 그러자 힘들어하는 나를 보고 A가 먼저 얘기를 꺼냈다.

"실은 D가 이전부터 네가 없는 자리에서 우리 셋에게 너에 대해 안 좋은 얘기를 계속 해왔어. 네가 우리 실력에 대해 불만을 가지고 있다고. 또 고생은 악기 파트가 훨씬 많이 하는데 관심은 항상 보컬에게 쏠리는 것에 대해서도 불공평하다고 부추기고. 네가 뒤에서 우리를 무시하는 말도 많이 한다고 했어. 처음에는 B와 C도 설마 하다가 D가 반복적으로 그럴듯하게 이야기를 하니까, 점점 믿는 눈치더라고. 그런데 나는 너를 잘 알잖아. 그래서 이 얘기를 들으면 상황이 불편해질 것을 알면서도 고민 끝에 솔직하게 얘기하는 거야."

이 이야기를 듣고 사실 D에게도 화가 났지만, 마음의 상처는 B와 C에게 더 받은 것 같다. 그들은 나와 꽤 오랜 시간 가깝게 지낸 친구들이었기 때문이다. 이전까지 나는 B와 C가 D를 옹호하며 나에게 "네가 너무 예민하게 반응하는 것 같아"라고 얘기할 때마다 매우 혼란스러웠다. 오랜 기간 믿고 의지했던 이들에게 내가 이상하다는 메시지를 지속적으로 받다 보니 나한테 문제가 있는 건 아닌지 스스로를 의심하게 되었다. 그러나 A와 대화 후 D가 멤버들을 이간질하고 가스라이팅하는 패턴이 보였고, B와 C 또한 D의 조력자로 나를 가스라이팅했으며, 나 또한 이후 스스로를 가스라이팅하고 있었다는 사실을 알게 되었다.

주변을 자기편으로

이처럼 나르시시스트가 자신의 이득을 위해서 주변 사람들에게 특정 대상에 대한 거짓된 모함을 지속적으로 하고 사람들을 자기편으로 끌어들여 조종하려고 하는 상황은 매우 가까운 사이에서도 일어난다. 그럴 경우 당하는 당사자가 느끼는 배신감과 서러움은 이루 말할 수 없다.

이는 직장에서도 흔히 볼 수 있다. 같은 부서 내에 나르시시스트와 내가 평가나 승진에서 경쟁 구조라면, 그 나르시시스트는 평가를 담당하는 상사에게 온갖 감언이설과 미사여구로 아부를 하고, 나에 대한 안 좋은 얘기를 과장하거나 아예 거짓인 얘기들을 꾸며 내어 할 수 있다. 나르시시스트는 연인과 헤어지거나 이혼할 때도 이런 모습을 자주 보인다. 오랜 시간 함께 하다 보면 공통적으로 만나는 지인들이 생기는데, 나르시시스트는 그런 사람들한테 피해자 코스프레를 하며 그들을 자기편으로 끌어들이려고 한다. 심지어 원래 연인이나 배우자의 친구들도 헤어질 때 자기편으로 끌어들이려고 한다. 그들은 도대체 왜 그렇게까지 하는 것일까?

나르시시스트는 다른 사람들이 자신을 어떻게 바라보는지 사회적인 이미지를 무척 중요하게 여긴다. 그래서 최대한 많은 사람이 이별 후에도 자신을 좋은 이미지로 생각하길 원하며, 서플라이 역할을 해줄 존재들을 잃고 싶어 하지 않는다.

또 다른 사람을 자기 뜻대로 움직이고 싶은 욕구가 큰 이들은 자신이 싫어 떠나고자 하는 사람들에게 엄청난 분노감을 느낀다. 이에 상대에게 복수하고 싶은 마음도 커 철저하게 다른 사람에게 상대방을 나쁜 사람으로, 그리고 고립된 사람으로 만들고 싶은 것이다.

조용히 그렇지만 확실하게

나르시시스트에게 중상모략을 당할 때 어떻게 대처하면 좋을지에 대해 나의 과거 밴드 상황을 빗대어 더 자세히 설명하겠다. 비록 그때는 아직 '나르시시스트'라는 개념에 대해서 잘 몰랐지만, 나르시시스트 친구 D에게는 곧잘 대처를 했던 것 같다. 나는 D에게 앞서 일어난 일에 대해 묻거나 따지는 등 서로 상대해야 하는 상황 자체를 만들지 않고, 조용하지만 확실하게 거리를 두기 시작했다. 더 솔직하게는 D에게 직접 따질 겨를도 없었다. 본인도 돌아가는 분위기가 심상치 않았음을 감지했던지, 집안 사정으로 밴드를 더 이상 못할 것 같다고 먼저 문자를 남겼기 때문이다. 나는 왠지 이 상황을 D에게 따져 봤자 본인의 잘못을 인정할 것 같지도 않고, 거짓말만 덧붙여서 또다시 밴드 멤버들을 가스라이팅하려 들 것 같다는 생각이 들어서 쿨하게 보내주고 이후로 연락을 끊어버렸다. 그때 나는 나르시시스트에게 대처하는 방법을 인지하고 있었던 것은 아니지만 본능적으로 가장 대표적이고 확실한 대처 방법인 거리 두기를 실천한 것이다.

그런데 나르시시스트 당사자 D 이외의 조력자들, 즉 나르시시스트의 중상모략으로 나를 오해하고 나에게 등을 돌린 B와 C에게는 다소 미흡하게 대처한 감이 있다. 그들에게는 사실 그대로를 알려주고 싶은 마음이 있어서, 따로 찾아가서 내 입장을 자세하게 얘기했다.

"D가 나를 모함하고 중간에서 우리를 이간질한 거야. D가 주장하는 얘기들은 대부분 과장되었거나 거짓이 섞여 있기 때문에 오해를 풀었으면 좋겠어. 왜 나에게 먼저 물어보지 않고 D의 말만 믿은 것인지 서로 얘기를 더 해보면 어떨까."

그런데 B와 C는 여전히 D 편을 드는 느낌이었고, 그런 모습에 나는 다시 한 번 더 상처를 받게 되었다. 그런데 되돌아보니 그 방법은 현명하지 못했다. 나르시시스트의 중상모략으로 인해 나를 오해한 사람들에게, 당사자가 나르시시스트라서 나를 모함하는 것이라고 아무리 얘기해도 그 사실을 이해하지도, 받아들이지도 않을 가능성이 높다. 또한 나 자신에 대한 방어로 있는 사실을 그대로 설명해도, 상대방은 변명을 하고 있다는 식으로 받아들이는 등 오히려 역효과가 날 수 있다. 이미 나르시시스트의 조종에 넘어간 사람들은 그에게 세뇌를 당한 것이기에 그 관점으로 이후 일어나는 모든 일들을 바라보려고 한다.

하지만 나르시시스트에 대한 이야기가 아닌 그냥 나 자신에 대해서 어필해볼 수 있다. 어찌 됐든 한때는 나를 좋게 생각했던 사람들이기에, 다시 진정한 내 모습을 보여주면 그 사람들의 마음을 움직일 가능성이 있다. 예를 들어 내가 B와 C에게 D의 잘못된 부분이나 친구들이 오해하는 부분에 대해 얘기하는 대신에 이런 상황에 이르게 된 것에 대한 아쉬움을 표현하며, 평소 어떤 부분이 힘들게 느껴졌는지, 우리의 관계 안에서 앞으로 어떤 부분이 달라졌으면 좋겠는지에 대해 얘기했다면 좋지 않았을까 하는 생각이 든다.

누군가의 험담 앞에서

그러나 더 중요하게는 A는 똑같이 D에게 거짓말을 듣고 이간질을 당했지만 나를 먼저 찾아와서, D가 보이는 행동에 대한 문제 제기를 하고, 나를 깊이 신뢰하는 모습을 보여줬다. 나와 가까운 관계라고 생각했는데 나르시시스트의 말을 듣고 나에게 등을 돌린 사람들은, 정말 나와 가까운 관계인지 한번 생각해볼 필요가 있다. 나를 진심으로 좋아하는 친구라면 나르시시스트의 중상모략이 처음부터 통하지 않을 가능성이 높다.

우리는 나 자신도 특정 나르시시스트한테 조종당하여 상대방을 오해하고 등을 돌림으로써 피해를 주는 일은 없는지 늘 경각심을 지녀야 한다. 잘 알지도 못하는 사람에 대한 자극적인 소문을 들으면 그것을 믿고 싶어 하는 심리가 있다. 그래서 내가 평소 괜찮다고 생각하는 사람인데 누군가가 이유 없이 그 사람에 대해 험담을 하면, 무조건 다 믿지 말고 사실 확인을 한 후 상대를 어느 정도 경험하면서 스스로 판단을 내리는 것이 중요하다.

나의 깊은 마음을 숨겨라

나르시시스트와 물리적인 거리 두기를 하는 데 어려움이 있는 경우 중요한 대처 방법은 정신적 거리 두기이다. 정신적 거리 두기란 내가 깊이 있게 생각하는 것, 느끼는 것, 깨달은 것, 원하는 것, 그리고 내가 인생에서 정말 중요하게 여기는 부분들에 대해 상대에게 일절 표현하지 않는 것이다. 나르시시스트와 대화를 할 때 생방송 뉴스에서 전 국민을 대상으로 보도를 하고 있다고 생각하고 말을 하는 것이 안전하겠다. 전 국민을 상대로 나의 과거 상처나 깊은 고민, 부끄러운 실수, 마음속 깊이 지니고 있는 사명감, 두려움과 염려, 내가 지닌 꿈이나 앞으로 이루려고 하는바 등을 노출하지는 않는다.

나르시시스트는 주로 상대방을 자신의 자존감을 높이는 수단으로 바라보기 때문에, 자신이 우월감을 느낄 수 있는 기회를 호시탐탐 노린다. 그래서 상대가 어떤 얘기를 하든 그것을 직접적으로든 우회적으로든 폄하하고 깎아내리기 일쑤이다.

나의 취약함에 대해

우리에게는 모두 취약한 부분이 있다. 여기서 취약함이란 꼭 좋지 않은 부분을 얘기하는 것이 아니다. 오히려 나의 가장 소중한 부분들이 나의 가장 취약한 측면이 되는 경우가 많다. 우리가 누군가를 사랑할 때, 연민을 느낄 때, 친절과 희생을 베풀 때, 나에게 의지할 수 있도록 마음을 내줄 때, 용서해줄 때, 나 또한 그 상대에게 취약한 입장이 된다. 내가 줄 수 있는 나의 가장 귀중한 자산을 그 사람에게 온전히 내어주는 것이기 때문이다. 그리고 상대에게 나의 깊은 고민과 두려움, 염려, 사명을 함께 나눈다는 것은, 그 사람을 전적으로 신뢰하고 의지하고 존중한다는 의미이다.

그런데 내가 나의 '취약함'을 온전히 드러내는 이런 상황들에서, 상대에게 거절당하거나 비난을 받았을 때는 그 상처가 더욱 크다. 따라서 자신의 우월감을 위해 상대의 취약함을 악용할 나르시시스트 앞에서 취약함을 드러내는 상황들만 만들지 않더라도, 내가 정서적인 고통을 경험할 상황들은 크게 줄어들 수 있다. 어떤 사람들은 "나르시시스트에게 무엇 하러 속내를 드러내겠어, 당연히 안 드러내지!"라고도 할 수 있겠지만, 실제로는 자신도 모르게 나르시시스트에게 드러내는 경우가 많다. 그래서 정신적 거리 두기를 특히나 더 의식적으로 염두에 두면서 실천해야 하는 것이다.

나는 왜 마음 나눌 사람이 없을까?

상대가 공감 능력도 없고 나를 늘 비난하고 깎아내리는 사람인 줄 알면서도 왜 사람들은 자신의 취약함을 나르시시스트 앞에서 반복적으로 드러내는 것인가?

　어느 정도 건강한 정서를 지닌 사람들은 상대와 깊이 있는 교감을 하고자 하는 욕구를 지니고 있다. 결국 이런 교감이 나를 정서적으로 채워주는 원동력이 되기 때문이다. 그런데 특정 나르시시스트와 오랜 기간 가깝게 지낸 사람들 중에는 깊이 있는 교감을 할 대상이 없는 경우가 많다. 예를 들어 배우자를 나르시시스트로 둔 사람들은 결혼 생활 안에서 공허감과 외로움, 고립감을 자주 경험한다. 가장 중요한 순간을 함께하는 인생의 동반자여야 하는 배우자와 정서적인 교감이 이루어지지 않기 때문이다. 그런데 또 배우자 외에 다른 사람, 즉 원가족이나 친구와 소통하고 마음을 나누어야겠다는 생각이 들어서 둘러보면 아무도 없다.

이처럼 '왜 나는 마음을 나눌 사람이 이렇게도 없지?'라는 생각이 자주 드는 경우 원가족인 부모나 형제도 나르시시스트적 성향이 강할 때가 많다. 이전에는 너무 어렸거나, 또 이런 부분에 대해서 생각할 겨를이 없어서 원가족 내에 정서적 교류가 부족하다는 사실을 인지하지 못했다가, 나르시시스트 배우자를 경험하면서 원가족을 돌아보면 그들 가운데도 나르시시스트 성향이 있는 것이다. 그리고 이러한 양육 환경에서 자랐다 보니 이후 만나는 친구, 직장 동료, 지인들과 표면적으로는 잘 지냈지만, 막상 깊은 교제로는 나아가지 못했다. 어렸을 때 이런 교감을 한 경험이 없다 보니 하는 방법도 모르고 필요성도 못 느꼈던 것이다.

그런데 나이가 들고 자녀를 낳는 등 여러 인생 경험을 하며 그동안 겪어보지 못했던 깊이 있는 감정들을 느끼면서, 현재까지 맺은 관계에 뭔가 부족함이 있다는 사실을 인지하고 돌아보니 주변에 마음을 나눌 사람이 없는 것이다. 그러다 보니 내가 가장 물리적으로 많은 시간을 보내는 나르시시스트 배우자가 실제로는 그렇지 않은데 그나마 나와 가장 가까운 인물이라고 착각한다.

그래서 평소에는 그렇지 않다가도 가장 외롭고 마음이 어둡고 약해진 순간 정말 누구한테라도 나의 힘듦을 드러내지 않으면 '내가 무너지겠구나' 싶은 생각이 들어서, 그나마 가장 가깝다고 생각하는 나르시시스트 배우자에게 마음속 생각과 감정을 드러냈다가, 더 큰 상처를 얻기만 하는 경우들이 적지 않다.

그 사람을 뺀 내 삶의 영역

물리적으로 완벽한 거리 두기를 할 수 없는 나르시시스트에게 정신적 거리 두기를 하기 위해서 가장 중요한 요소는, 평소에 깊이 있는 정서적 교감을 할 수 있는 중요한 대상들을 만드는 것이다. 자신의 인생의 중요한 대상이 나르시시스트라는 것을 인지한 분들께 내가 가장 강조하는 조언 중 하나가, 바로 나르시시스트를 제외한 자신만의 삶의 영역을 반드시 만들라는 것이다. 나르시시스트와는 전혀 관계되지 않는 친구들이나 지인들을 사귀기 시작하고, 꼭 경제적인 독립을 위해서가 아니더라도 자신을 위해서 더 배우거나 공부하고 싶은 것들을 찾을 것을 권유한다. 그동안 나르시시스트 때문에 지쳐서 자기 자신에게 사용할 에너지가 남아 있지 않았다면, 나르시시스트와 정신적 거리 두기를 함으로써 조금씩 생기는 에너지를 나 자신을 위해 몸에 좋은 음식을 챙겨 먹고, 운동을 하며, 취미를 갖는 등 스스로를 건강하게 가꾸는 데 사용하도록 하자.

당신은 그런 사람이 아니다

"네가 게을러서 성적이 안 오르는 거야", "당신이 무능해서 이런 일이 생긴 거야", "당신은 엄마로서 자질이 부족해" 등 나르시시스트는 상대를 자주 비난하고 질책한다. 성적 때문에 고민이 많은 자녀에게 나르시시스트 부모는 아이의 게으름을 탓하고, 직장에서 승진이 안 되어 속상한 남편에게 나르시시스트 아내는 남편의 무능함을 비난한다. 또 육아와 살림에 지쳐서 위로가 필요한 아내에게 나르시시스트 남편은 엄마로서 부족하다는 말로 아내의 마음에 상처를 남긴다. 나르시시스트는 상대가 그렇지 않아도 스스로에 대해 부족하다고 느끼는 부분들을 잘 꼬집어 집중적으로 공격하기에, 상대는 더욱더 큰 상처를 받고 자존감이 떨어질 수밖에 없다.

나르시시스트가 이렇게 상대방에게 모욕감을 주는 언행을 많이 하는 이유는, 상대에게 정말 문제가 있어서가 아니라 나르시시스트 당사자의 결함에서 오는 부정적 감정을 상대방한테 전가하기 때문이다. 그래서 본인이 잠시 동안 이상화하고 잘 보이고 싶어 하는 몇 사람만 빼놓고는, 주변에 있는 거의 대부분의 사람들을 무시하고 경멸하는 마음을 지닌 채 공격한다.

그렇다면 늘 일어날 수밖에 없는 나르시시스트의 공격으로 인한 피해를 최소화하기 위해서 우리는 어떻게 대처해야 하는 걸까? 바로 나르시시스트의 공격을 개인화하지 않아야 한다. 이에 대해 예를 들어 살펴보자.

나르시시스트 엄마에게 어렸을 때부터 사랑받지 못하고 혹독한 양육 환경에서 성장한 자녀가 성인이 된 후 엄마에게 자신의 어린 시절에 대한 사과를 받고 앞으로 좋은 관계를 이어 나가길 원했다. 자녀는 엄마에게 이렇게 이야기했다.

"엄마의 잘못된 모습들이 어린 시절 나에게는 상처였어. 엄마가 이 점을 인정해줬으면 좋겠어. 엄마도 사람인지라 완벽할 수 없으니 실수를 한 것이고, 마음만은 나를 사랑해왔다고 믿고 있어."

그러자 나르시시스트 엄마가 말을 이었다.

"사지 멀쩡하게 키워준 것만으로 감지덕지해야지, 무슨 30년 전

일로 엄마한테 이러는 거야. 속이 그렇게 좁아서 되겠니? 네가 부모가 되면 얼마나 잘하는지 두고 보자. 그리고 다 커서 무슨 사랑 타령이니, 그렇게 나약해 빠져서 무슨 큰일을 하겠어."

만약 자녀 입장에서 엄마의 이야기를 개인화하는 경우, 자녀는 자신이 속이 좁고 나약하다는 엄마의 비난을 수용해 갈등의 원인을 자기 자신에게서 찾게 된다. 하지만 부모가 자신을 사랑하고 있음을 확인받고 싶은 욕구는 절대 이상한 것이 아니다. 이때 자녀는 엄마가 자신을 비난하는 것은 부적절한 반응이며, 엄마가 본인의 나르시시스트적 특성으로 인해 그렇게 말하는 것이라고 명확하게 인지함으로써 엄마의 비난을 자신의 문제로 받아들이지 않아야 한다. 물론 엄마의 얘기를 듣는 그 순간은 거부당하는 느낌이 들고 상처를 받겠지만, 자신에게 실제로 그런 문제가 있는 게 아니라는 사실을 인지하고 있다면 엄마의 비수 같은 말들에 훨씬 덜 영향을 받을 것이다.

나르시시스트가 자신을 부당하게 비난하면 순간 감정이 상할 수 있다. 그러나 그 공격이 자신과 직접적인 상관이 없으며 나르시시스트 본인의 심리적 결함으로 인해 초래되는 것이라는 걸 확실히 인지한다면, 나르시시스트의 공격은 그만큼 무력해진다. 또한 그럴 때 나르시시스트와의 관계 안에서 어느 정도의 힘을 유지할 수 있게 된다.

Chapter 8

또다시
상처받지 않는다

나르시시스트에 대한 인지가 생긴 후에도, 여전히 우리가 그와의 관계에서 벗어나지 못하는 경우가 너무나도 많다. 나를 찾아오는 내담자들 가운데 나르시시스트 곁에서 수년간 정서적 학대를 경험하면서, 다양한 소화기 질환은 물론 통증, 자가면역질환, 심지어 암까지 다양한 신체적 질환이 발병한 경우가 빈번하다. 스트레스와 면역 기능은 서로 밀접한 관련이 있어서 과도한 스트레스를 장기간 받으면 신체적인 질병으로 이어질 가능성이 높다는 것은 이미 많은 연구에서 보고된 바 있다.

그렇다면 우리는 도대체 왜 나르시시스트와의 관계 안에서 벗어나지 않고 계속 머물러 있는 것인가? 그가 나를 정신적으로 또 신체적으로 조금씩 갉아먹고 있다는 것을 알면서, 이 굴레를 벗어나지 않는 이유는 무엇일까?

물론 관계에서 벗어나는 것이 불가능한 상황들도 있다. 예를 들어, 어린 자녀 같은 경우에는 부모가 나르시시스트여도 혼자서는 생존할 능력이 없기에 부모로부터 벗어날 수가 없다. 또한 성인의 경우 신체적인 위협을 느껴서 관계에서 벗어나지 못하는 경우도 있다. 악성 나르시시스트 배우자로부터 벗어나려고 시도한다면 이에 대해 보복을 할 가능성이 있고, 이때 주변에 도움을 요청할 지지 체계가 없는 경우 분리가 가장 시급한 상황임에도 불구하고 분리를 시도조차 못 하기도 한다.

상대 나르시시스트가 병리적인 면이 얼마나 심각한지 여부에 따라 당사자가 관계 안에 머무를지 말지를 결정하기도 한다. 예를 들어 상대가 나르시시스트적 성격 특성을 지니고 있으나 비교적 건강한 측면들도 함께 지니고 있어서, 몇 가지 대처 방법들만 잘 고수하면 큰 갈등은 피할 수 있는 상황이라고 가정해보자. 이런 경우 나르시시스트로부터의 물리적 분리가 주는 여러 스트레스가 나르시시스트와 어느 정도 관계를 지속하는 것에 비해 크다면, 장단점을 따져보고 그 관계 안에 머무르는 것이 더 낫겠다고 판단하기도 한다.

또한 관계를 끊어내는 기준이 사람마다 다르다. 예를 들어 나르시시스트 남편으로부터 수년간 학대를 받은 아내의 경우, 어떤 이에게는 경제적 자립성이 남편을 떠나지 못하는 절대적인 요소가 되고, 다른 이에게는 그렇지 않을 수 있다. 또한 어떤 이에게는 이혼이 자녀 양육 때문에 선택할 수 없는 사항인 반면, 다른 이에게는 그렇지 않을 수 있다.

이렇게 똑같은 상황을 상대적으로 다르게 평가하는 것은 현실적인 정황보다도 각자의 내면에 자리 잡고 있는 심리적 요소들이 강하게 작용하는 경우가 많기 때문이다. 즉 표면적으로는 현실적인 여건이 나르시시스트와의 관계에서 벗어나지 못하는 이유가 되지만, 실제로는 내면의 여러 심리가 나를 나르시시스트와의 관계 안에 붙잡아 두고 있을 수 있다. 상대를 조종하는 나르시시스트 측 요소 이상으로 나의 내적 요소들과 방어기제들이야말로 관계 지속에 더욱 크게 기여할 수 있다는 얘기이다.

이러한 요소들에 대한 명확한 자각이 없이는 나르시시스트와의 관계에서 정신적으로 또는 신체적으로 자유해지는 것이 어렵다. 따라서 내가 상대 나르시시스트에 대한 의식적인 인지가 생겼음에도 불구하고 여전히 내게 크나큰 고통을 초래하는 관계 안에 머물러 있게 하는 '나의 심리적 요소'들에 대해 살펴보고자 한다.

왜 나에게 빵 부스러기를 던져주는가

브레드크럼빙

나르시시스트는 상대가 자신에게 이미 넘어왔다는 생각이 들면, 상대에게 주는 관심과 노력을 줄여가면서, 나중에는 그 관계가 유지만 될 수 있을 정도로 최소한의 호의만을 간간이 상대에게 베푼다. 나르시시스트의 이런 행위를 브레드크럼빙breadcrumbing이라고 칭하는데, 이는 '빵 부스러기를 찔끔찔끔 던져주다'라는 뜻이다. 진실된 관계 안에서 상대에게 제공하는 공감과 배려, 존중, 다정함, 상호 교류 등의 요소가 식빵 한 덩이라면, 상대방이 관계를 떠나지만 않도록 보여주기식으로 행하는 의미 없고 하찮은 호의들이 빵 부스러기이다.

빵 부스러기에 품는 희망

예를 들어 평소 아내와 전혀 소통을 하지 않는 나르시시스트 남편이 있다고 하자. 그는 아내가 대화를 시도하면 귀찮아하며 말을 자르고, 아내의 감정 상태에 관심도 없으며, 아내의 역할에 대한 고마움의 표시도 없다. 아내는 점차 이런 남편과의 관계 양상에 익숙해지며 더 이상 남편에게 어떤 교감도 기대하지 않게 된다. 그런데 어느 날 남편이 저녁 식사를 하던 중 "오늘 반찬이 맛있네. 요즘 애들 학원비는 안 모자라? 다음 주에 첫째 생일이던데 당신 좋아하는 곳에서 외식이나 하자"라고 먼저 얘기를 걸었다. 아내는 평소와는 너무 다른 남편의 모습에 놀라면서 '남편이 내 노고를 알아주기는 하는구나, 앞으로는 남편이 나를 대하는 태도가 좀 달라지려나' 하는 생각이 들며 기뻐했다.

그런데 이 나르시시스트 남편은 다른 남편들이 일상적으로 하는 행동, 즉 아내가 열심히 차려준 식사에 고마움을 표하고, 자녀들 돌보는 데 어려움은 없는지 관심을 보이며, 생일에 외식을 하자는 평범한 제안을 한 것뿐인데, 아내는 오랜만에 보이는 남편의 정상적인 행동에 특별한 의미를 부여하고 좋아한다. 그렇다면 왜 아내는 단순한 말 한마디를 자신에 대한 관심과 애정으로 받아들이고, 그것을 토대로 관계가 개선될 수 있다는 헛된 희망을 품는 것일까?

인생의 중요한 대상이 나르시시스트인 경우, 상대는 그 대상에게 마땅히 받아야 할 정서적인 지지가 부재한 상태로 오랜 기간 지내기 때문에 정서적으로 굶주린 상태가 된다. 그리고 이런 굶주림을 최소한이라도 채우기 위해서는 빵 부스러기라도 절실하다. 그래서 나르시시스트의 작은 호의조차 너무나도 소중한 것이다. 또 나르시시스트와의 관계에 오래 노출된 사람들은 나르시시스트가 자신을 함부로 대하는 것에 익숙해져 있다 보니, 다정한 모습이나 친절을 조금만 보여도 그런 행동이 특별하게 느껴진다. 그들은 그 행동 하나하나를 관계가 개선될 신호로 받아들이며 나르시시스트가 변할 수 있다는 희망을 품는다.

또한 과거 나르시시스트가 자신에게 러브바밍을 했거나 그나마 좋았던 시간들을 회상하며, 언젠가는 다시 나르시시스트가 자신에게 충분한 관심과 사랑을 표현할 것이라고 믿으며 힘겹게 버틴다. 그러던 중에 나르시시스트가 행여나 약간의 호의를 베풀기라도 하면, 예를 들어 갑자기 먼저 안부를 물어봐 주기라도 하면, 그동안 메말라 있던 애정에 대한 욕구를 그 작은 행위로 충족시키려고 하는 것이다. 그리고 그 행위를 나르시시스트가 나를 대하는 태도에 대한 변화의 징조라고 확대 해석하고 관계 안에 안주한다.

나를 지키는 법

나르시시스트는 상대가 조금이라도 관계를 떠날 것 같은 낌새를 보일 때 이러한 빵 부스러기를 던진다. 그리고 상대가 빵 부스러기에 넘어가 다시 관계 안에 머물러 있는 모습을 보면서 '저 사람한테는 이 정도만 해줘도 관계를 떠나지 않는구나'라고 여기며 같은 행동 양상을 지속한다.

브레드크럼빙은 연인이나 배우자 관계 외의 다른 관계 내에서도 얼마든지 일어날 수 있다. 예를 들어, 직장에서 나르시시스트 상사 중 아래 사람들에게 많은 업무량을 주고 자신이 원하는 만큼의 결과물을 가져오지 않으면 비난과 분노를 퍼붓는 사람들이 있다. 이럴 경우 상사에 대한 불만이 쌓이고 그만두려는 사람이 생기기 마련이다. 그럴 때 나르시시스트 상사는 갑자기 사람들 앞에서 그만두려는 사람을 칭찬하거나, 유독 그에게만 친절하게 대한다. 그는 그런 상사를 보며 드디어 상사가 자신의 능력을 인정해주었다고 믿는다. 그러나 얼마 후 나르시시스트 상사는 어김없이 이전의 착취적이고 고압적인 모습으로 돌아간다.

나르시시스트의 브레드크럼빙이 통하는 가장 큰 이유는 나르시시스트에게 브레드크럼빙을 당하는 당사자가, 자신에게는 부스러기만 제공되어도 괜찮다고 여기며 거기에 안주하기 때문이다. 하지만 나르시시스트가 나에게 어쩌다가 보이는 작은 호의는, 내가 진

정으로 행복감을 느끼는 관계를 형성하기에는 턱없이 부족한 수준
이다. 또한 나르시시스트가 나에게 표현하는 한순간의 관심과 애정
은 변화의 징조가 아니라 싼값에 나를 관계 안에 붙잡아 두려고 조
종하고 있는 것임을 알아야 한다.

또한 이러한 브레드크럼빙에 넘어가지 않기 위해서는 나 스스로
자신을 가치 있게 여기고 존중해주는 마음이 있어야 한다. '나는 빵
부스러기만으로 만족하는 사람이 아니다', 이렇게 내가 먼저 나 자
신을 소중하게 여기면, 부스러기만 제공되는 관계 따위로는 결코
만족하지 않게 될 것이다.

잘못된 연결고리를 자르다

트라우마 본딩

트라우마 본딩trauma bonding은 가정 폭력 등 학대적인 관계를 경험한 피해자를 대상으로 수십 년 전부터 연구되어온 개념으로, 왜 우리가 나르시시스트와의 건강하지 않은 관계 속에서 계속 머물러 있게 되는지, 그 무의식적 심리를 잘 설명해준다. 트라우마 본딩의 정확한 의미는 한 관계 안에서 권력과 힘에 의해 명백히 상하 관계에 있는 가해자와 피해자가 있는데, 가해자가 피해자에게 보상과 처벌을 번갈아 가며 주는 가운데, 피해자가 가해자에게 일방적으로 강력한 유착이 생긴 상태이다. 피해자는 자신을 독립적인 개체로 인식하지 못한 채 가해자와의 관계를 떠나는 것이 불가능하다고 여긴다.

이러한 트라우마 본딩이 강렬하게 마음속 전반에 자리 잡고 있는 상태에서는, 힘겹게 관계를 벗어난 피해자들도 이전의 관계로 다시 돌아가거나, 또 다른 사람과 트라우마 본딩된 관계를 맺는 경우가 많다.

내가 나쁜 아이인가

트라우마 본딩에 대한 이해를 넓히기 위해 학대적인 부모와 자녀의 관계를 예로 들어보자. 부모가 때로는 자녀에게 애정 표현을 하다가도 주기적으로 자녀를 방치하거나 난폭한 모습을 보이는 경우 아이들이 부모에게 애착 형성을 하지 못할 것 같은데, 그렇지 않은 경우가 많다. 오히려 부모에게 더욱 애정을 갈구한다. 어찌 됐든 부모는 유일하게 자신을 돌보아주는 존재이기 때문에 아이 입장에서는 부모를 나쁜 존재로 바라보는 것이 불가능하게 여겨진다. 부모가 정말 나쁜 사람이라면 자신의 생존에 위협을 느끼게 되며 이런 자각은 극한의 공포심을 일으킨다. 그래서 스스로가 자신을 나쁜 아이로 간주하고, 부모의 학대적인 행위를 자신의 탓으로 돌린다. 이 상황이 자신의 잘못으로 인한 것이라면, 본인만 달라지면 상황이 바뀔 수 있기 때문이다. 그래서 부모가 간헐적으로 보이는 미미한 관심과 애정이 담긴 듯한 행동, 즉 미소를 짓거나 안아주는 등의 행동에만 집중하고 이를 갈망하며 부모를 좋은 사람으로 여기려고 노력한다.

또한 아이는 부모와의 교류를 통해서 사랑하는 사람과의 관계 양상을 마음속에 심는다. 부모가 아이를 학대하는 경우 아이는 부모의 가학적인 측면까지 사랑하는 관계 양상 속에 녹아든다. 그래서 가학적인 대우와 사랑을 무의식적으로 동일시할 수 있다.

트라우마 본딩이 된 성인들 사이에서도 이와 유사한 심리가 재현된다. 가해자에게 트라우마 본딩되어 있는 피해자들은, 간헐적으로 불규칙하게 오는 보상에 대한 갈망이 크다. 예를 들어 구타를 반복적으로 당하는 여성들을 대상으로 한 연구에서는, 피해자들이 구타를 받는 상황에서 벗어나지 못하는 여러 이유가 있지만, 그중 하나가 구타 후 가해자가 다시는 그러지 않겠다고 맹세하며 따뜻하게 대해주고 사랑을 애걸하는 행위들로 인해, 피해자가 가해자에 대한 애착이 생겨서라고도 한다.

사랑받을 자격이 없는 사람

신체적 폭력뿐 아니라 정신적 학대 행위로 인해서도 트라우마 본딩이 형성될 수 있다. 나르시시스트는 강렬한 러브바밍 이후 상대방이 자신에게 확실하게 넘어온 상태가 되면, 그때부터 상대를 가스라이팅하며 혹독하게 폄하한다. 그 결과 상대는 자존감이 낮아지고 자신이 한없이 부족하며, 사랑받을 자격이 없는 사람이라고 믿게 된다. 즉, 가치 측면에서 나르시시스트와 상대방 사이에 명백한 상하 관계가 형성되는 것이다. 상대는 자신이 나르시시스트와 헤어지면 다시는 누군가로부터 온전히 사랑받을 수 없다고 믿는다. 그래서 더욱더 현재의 관계를 떠나는 것에 대한 큰 두려움을 느낀다. 그리고 나르시시스트는 중간중간 브레드크럼빙을 하며 상대가 관계를 떠나지 않을 정도로만 보상 행위를 보인다.

나르시시스트 남편에게 트라우마 본딩된 아내의 경우를 예로 들어 보자.

아내가 출산을 하고 나이가 들면서 체중이 늘어나자, 남편은 아내가 창피하다며 함께 외출하는 것을 꺼려했다. 또 늘 퇴근하고 집에 오면 "돈도 안 벌고 살림만 하면서 몸매 관리 하나 못하냐"며 늘 핀잔을 주고 성관계도 거부했다. 이에 아내가 무리하게 다이어트를 해서 체중을 줄이면, 남편은 기뻐하며 아내에게 고가의 옷을 사주고 근사한 곳에서 데이트를 즐겼다. 그러나 아내가 요요현상으로 다시 체중이 늘면 또다시 신랄한 비난이 이어졌고, 아내는 모멸감을 느끼며 다이어트와 운동의 강도를 높였다. 그러던 중 남편이 결혼기념일이니 밖에서 식사를 하자고 제안했고 아내는 오랜만의 데이트에 마음이 들떴으며, 체중이 조금 빠진 상태라 몸매가 드러나는 원피스를 입었다. 그런데 남편은 식당에서 아내를 보자마자 인상을 찌푸렸다. 아내가 좋아하는 음식을 주문하자 남편은, 그렇게 살이 쪘는데 음식이 넘어가냐며 샐러드만 주문할 것을 요구했다. 아내는 식사 내내 눈물이 나오는 것을 겨우 참으며 참담한 기분으로 식당을 나왔다.

남편은 집으로 돌아가는 차 안에서 자신이 그렇게 부탁하는데도 왜 살을 빼지 않느냐며, 이는 자신을 충분히 존중하지 않기 때문이라고 쏘아붙였다. 자기니까 참는 거지 다른 사람이었다면 진즉에 바람을 피웠을 것이라며 빈정대기도 했다. 그렇게 집에 도착해보니 남편이 결혼기념일 선물로 주문해놓은 꽃다발이 와 있었다. 아내는 남편이 야속하면서도, 기념일에 자신을 위해 근사한 저녁 식사와 꽃을 준비해준 것이 고마웠다. 그리고 남편만 한 사람이 없는 것 같고, 그의 말이 옳다는 생각이 들어서, 또다시 다이어트를 하기로 결심했다.

예시의 아내와 마찬가지로, 정서적 학대라는 처벌과 빵 부스러기 같은 보상이 번갈아 가며 주어지는 가운데 상대방은 일방적으로 나르시시스트에게 강력한 유착이 생긴다. 그래서 나르시시스트 배우자에게 오랜 기간 가혹한 대우를 당하면, 머리로는 상대가 건강하지 않은 사람이라는 것을 알면서도, 이런 유착으로 인해 떠나지 못하는 사람들이 많다. 의식적으로는 경제적인 요소와 자녀 양육 등

의 현실적인 문제 때문에 떠나지 못하는 것이라고 하지만, 실상은
나르시시스트와 트라우마 본딩이 되어 있을 가능성이 있다.

보이지 않는 사슬

많은 경우 피해자가 자신이 상대 나르시시스트와 트라우마 본딩되
어 있다는 사실을 인식하지 못하는 이유는, 이것이 무의식적으로
일어나는 현상이기 때문이다. 그래서 이러한 트라우마 본딩에서 벗
어나기 위한 가장 중요한 단계가 바로 이를 의식적으로 인식하는
것이다. 상대가 나에게 하는 행동이 정서적인 학대라는 사실, 그리
고 관계 안에서 이미 상대 나르시시스트는 막강한 힘을 쥐고 있고
나에게 처벌적인 행동과 약간의 보상을 반복하면서 나로 하여금 관
계 안에서 머물러 있게 하고 있다는 사실을 명확하게 인식해야 한
다. 그렇다면 이런 무의식적인 트라우마 본딩을 어떻게 하면 의식
적으로 인지할 수 있을까?

우선 내가 상대와 트라우마 본딩이 되어 있을 때 표면적으로 나
타나는 몇 가지 신호를 알아차리면 이런 인지에 도움이 될 수 있다.
내가 나르시시스트의 건강하지 못한 행동들에 대해서 '요즘 회사
일로 스트레스를 받아서 저렇게 집에서 화를 내는 걸 거야', '내가
눈치가 없어서 뭐라고 할 수밖에 없는 거겠지' 등의 합리화를 지속

하게 된다면 위험 신호이다.

또 나와 가까운 사람에게도 나르시시스트가 저지르는 횡포를 솔직하게 다 얘기하지 못하겠고, 내가 지금 이런 대우를 받고 있다는 사실에 수치심을 느낀다면 경각심을 가져야 한다. 또한 다른 사람에게 나르시시스트의 잘못된 행동을 일부 털어놓자 놀라면서 그런 행동은 용납될 수 없다는 반응을 보일 때, 내가 오히려 그들 앞에서 나르시시스트를 변호하게 된다면 트라우마 본딩이 되어 있는 상태는 아닌지 돌아봐야 한다.

그는 좋은 사람이 아니다

이 관계가 건강하지 않음을 알고 있지만 또 한편으로는 어떻게든 이 관계를 끝내지 않고 싶은 마음이 공존하면서, 상반되는 생각에서 오는 불편한 감정 상태인 인지부조화를 경험할 수 있다. 즉 '저 사람은 곁에 둬서는 안 될 위험한 사람이다'라는 생각과 '원래는 좋은 사람인데 요즘 힘들어서 그러는 것이다'라는 상반되는 생각들로 인해 초래되는 심적인 스트레스를 경험한다. 그래서 당사자는 인지부조화를 줄이기 위해 한쪽 방향으로만 생각들을 일관되게 정립하려고 하며, 결국 '나르시시스트는 괜찮은 사람'이라고 애써 합리화할 가능성이 높다.

나르시시스트가 정당한 이유 없이 나를 공격해오고 다시 화해를 하고, 또 나를 공격해오고 다시 화해하는 과정이 수도 없이 반복되는 가운데, 내가 화해의 시기만을 바라보며 관계가 좋아질 것이라는 희망을 붙들고 있다면, 자신이 상대 나르시시스트에게 트라우마 본딩이 되어 있는 것은 아닌지 돌아봐야 한다.

성인이 되어 나르시시스트와 트라우마 본딩이 되는 사람들 가운데 어렸을 때 부모와 이러한 본딩이 이미 생성되었던 경우가 많다. 나르시시스트적 성향이 강한 부모와 오랜 기간 트라우마 본딩이 되어 있던 자녀는 성인이 되어서도 비슷한 느낌을 주는 상대를 배우자로 택하는 경향이 있기 때문이다. 트라우마 본딩으로 형성된 관계가 무의식적으로 익숙하고 편하다 보니, 비슷한 양상으로 관계를 맺는 사람에게 매력을 느끼고 끌리는 것이다. 따라서 현재 나르시시스트와의 관계에 대한 정확한 인식을 위해서 부모를 포함하여 과거 나에게 중요한 사람들과의 관계를 한번 되돌아보는 과정이 필요하다. 혼자서는 어려운 사람들은 전문가와 함께 상담을 통해서 진행하는 경우도 많다.

스스로를 괴롭히는 생각을 멈춰라

반추

나르시시스트에게 가스라이팅과 이간질, 중상모략, 착취를 당한 피해자들은 많은 경우 나르시시스트와 관계를 맺는 중에, 또는 관계가 끝난 후에도 그동안의 경험이나 일어난 상황에 대해 반추하고 몰두하게 된다. '저 사람이 나한테 왜 그랬지?', '도대체 뭐가 문제였지?', '어떻게 하면 저 사람이 잘못하고 있다는 것을 깨닫게 해주지?' 등의 질문을 스스로 반복하는 것이다.

 이런 의문들이 끊임없이 이어지면 머릿속이 나르시시스트에 대한 생각으로 가득하게 되고 그 관계 안에 더욱 매몰되기 쉽다. 또한 이미 물리적으로 관계가 끝났더라도 나르시시스트를 계속 생각한다면, 그 관계에서 진정으로 벗어난 것이 아니다.

끊임없는 반추

나르시시스트에게 큰 피해를 당한 사람들이 나르시시스트의 만행
에 대해 반추하고 집착하는 것이 괴로움에도 불구하고 지속할 수밖
에 없는 이유가 있다. 바로 나르시시스트의 언행들 중에는 도무지
상식적으로 받아들여지지 않는 것들이 많기 때문이다.

　예를 들어, 나르시시스트 연인과 이별한 후에는 유독 상처가 크
게 남고 마음의 응어리가 잘 없어지지 않는다. 그 이유는 나르시시
스트가 자기중심적으로 관계를 시작하고, 유지하고, 끝내기 때문이
다. 그들은 상대의 행동이나 반응 또는 그동안 지속되어 왔던 관계
나 상황을 기반으로 움직이기보다는 자신의 욕구와 필요에 의해 움
직이기에 예상 밖의 행동을 자주 한다. 가까운 사이라면 절대로 하
지 않을 언행에 상대는 혼란스러울 수밖에 없다. 또 이러한 상황을
조금이라도 이해하기 위해 끊임없이 반추하게 된다. '저 사람은 도
대체 왜 저러는 걸까?', '내가 어떤 변화를 줘야지 상대방이 달라지
고 이 상황을 개선시킬 수 있을까?'라는 생각들을 반복적으로 곱씹
으며, 열심히 고민하면 해결책이 나오리라 기대한다. 심지어 문제
의 원인을 자꾸 자신에게서 찾으려고도 한다.

그런데 결국 이러한 반추는 무용지물이다. 도무지 상식적으로 납득하기 어려운 나르시시스트의 언행은 본인의 건강하지 않은 심리에서 초래되는 것이기 때문이다. 나르시시스트의 심리 자체가 합리적인 기전을 바탕으로 작동하는 것이 아니다 보니, 건강한 사람의 입장에서는 아무리 논리적으로 이해하려고 노력해봐도 원인을 파악하기도 개선 방법을 떠올리기도 불가능한 것이다.

알아차리고 생각 끄기

그래서 누군가와의 관계 안에서 반복적으로 갈등이 생기고 그로 인해 상처를 받는데, 상대방은 아랑곳하지 않고 나 혼자만 일방적으로 끊임없이 반추하고 있다면, 일단 생각을 멈추자. 그리고 나르시시스트를 향한 생각들이 내가 일상생활을 하는 데 영향을 줄 정도로 지나치지는 않은지 살펴보자. 또 이 사안이 정말 나 혼자서만 고민한다고 해결될 문제인지, 아니면 내가 아무리 곱씹는다고 해서 절대로 바뀌지 않을 상대방으로 인해 초래되는 상황은 아닌지 꼭 한번 돌아보자.

여기서 가장 중요한 점은 내가 이런 반추와 집착을 하고 있다는 사실을 알아차리는 것이다. 나르시시스트의 왜곡된 언행에 대해서 아무리 혼자 고심한다고 해도, 이 관계를 개선시킬 수 없다는 것을 받아들여야 한다. 오히려 이런 반추는 나르시시스트에게 받은 상처에 집착하면서 스스로에게 이차 가해를 가하는 격밖에 되지 않는다.

그러니 더 이상 나르시시스트에게 시간 낭비하지 말고 그런 집착과 반추를 할 시간에 스스로를 즐겁게 하는 일들을 더 시도하자. 나에게 긍정적인 에너지를 주는 편안하고 따뜻한 사람들을 만나거나 평소 좋아하는 활동을 하는 등 나 자신을 위해서 그 시간을 온전히 사용하는 것이다. 그동안 나르시시스트에게 당한 것도 억울한데 그 사람에 대해 반추하면서 스스로를 계속 괴롭히지는 말자.

그도 진정한 사랑을 할 수 있을까?

내가 종종 받는 질문 중에 하나는 "나르시시스트는 정말 그 누구도 사랑할 줄 모르는가?"이다. 나르시시스트가 관계 초반에 상대에게 보이는 러브바밍은 얼핏 보면 열정적인 사랑의 표현으로 보일 수 있어서, 러브바밍을 받아봤거나 옆에서 지켜본 사람들은 나르시시스트도 상대에 따라서 사랑하는 감정이 가능하다고 생각한다. 또한 나르시시스트는 자신이 필요로 하는 대상에게는 간이라도 빼줄 것처럼 지극 정성을 다할 수 있다. 이런 경우 상대는 나르시시스트의 행동을 진심 어린 사랑의 표현이라고 여기기 쉽다.

사랑이란 무엇인가에 대한 여러 정의가 있지만, 그중에서도 사랑을 상대에게 느끼는 따뜻한 마음과 동시에 상대에 대한 연민이 내포된 선한 감정으로 정의하는 경우, 나르시시스트는 상대를 진심으로 사랑하지 못하는 부류이다. 이 관점에서의 사랑은 공감과 배려, 희생이 따르지 않으면 존재할 수 없으며, 이타적이고 무조건적인 특성이 강하다. 나르시시스트는 자신들의 일그러진 심리로 인하여 상대를 사랑하기 위해 필수적인 이러한 요소들이 턱없이 부족하다. 하지만 나르시시스트도 "사랑해"라는 표현을 사용한다. 그렇다면 나르시시스트에게 "사랑해"라는 말의 속뜻은 과연 무엇일까? 아마도 '나한테 필요한 것을 제공해주는 당신은 내 옆에 있어야 해', '나의 중요성을 인정해주고 칭찬과 찬사를 주는 당신이 필요해', '내가 어떤 나쁜 행동을 해도 다 받아주는 당신은 정말 편리한 존재야'라는 의미일 수 있다.

따라서 나르시시스트의 이런 자기중심적인 껍데기뿐인 사랑에는 아주 짧은 유통기한이 달려 있으며, 본인의 욕구가 충분히 채워지지 않는 한 결코 지속되지 않는다. 또한 어느 정도 지속된다고 하더라도 상대방이 과연 깊이 있는 행복감을 느낄지는 의문이다. 사랑한다는 의미가 결국 자신의 서플라이 역할을 하는 상대가 필요하다는 뜻인 사람들에게 사랑받는다는 것은, 결국 서플라이 역할을 지속적으로 해주고 있다는 의미인데, 이는 결코 정신건강에 좋을 리가 없을 테니 말이다. 상대에게 보일 수 있는 나르시시스트의 최고의 애정 행각인 러브바밍조차 자신의 결함에 대한 방어로 나를 이용하는 수단 중에 하나인 만큼, "나르시시스트에게 사랑받으면 과연 행복할까?"라는 질문에 대한 대답은 아마도 "아니오"가 되겠다.

나르시시스트의 가족이나 연인은 정상적인 상황에서는 마땅히 받아야 하는 사랑을 못 받다 보니 결핍감이 생기고 그로 인해 나르시시스트의 사랑을 더욱 갈구하게 될 수도 있다. 그리고 그런 갈구가 현재 나르시시스트와의 건강하지 않은 관계를 떠나지 못하는 이유로 작용하기도 한다. 결핍으로 인해 생기는 간절함을 상대에 대한 사랑이라고 착각할 수 있기 때문이다.

나르시시스트는 진심 어린 연민과 자기희생을 바탕으로 한 사랑을 할 수 없는 부류이다. 그나마 그들의 피상적인 사랑을 받게 되더라도 그리 행복하지 않다는 것에 대한 정확한 인지가 생기면, 앞으로 나르시시스트와의 관계 안에서 어떻게 대응해야 할지 더욱 현명한 판단을 내릴 수 있을 것이다.

내 마음속의
고통스러운 감정들을 회피하기 위해

나르시시스트라는 개념에 대한 인지가 없어서 당사자에게 어떤 문제가 있는지 정확하게 짚을 수는 없어도, 어느 정도 건강한 사람이라면 대부분 관계 안에서 상대 나르시시스트가 '이상하다', '무서운 면이 있다', '저 사람 때문에 내가 힘들다'라고 느끼게 된다. 관계 초반에는 이런 감이 어렴풋이만 감지되다가 관계가 진행되면서 나르시시스트를 더욱 잘 알게 되면, 이 느낌들이 더욱 명료해진다. 그럼에도 불구하고 나르시시스트와의 건강하지 않은 관계를 지속하는데에는 자신이 믿고 바라는 이상과 실제 존재하는 현실 사이에 큰차이가 있다는 것을 인정하고 싶어 하지 않는 심리가 크게 작용한다. 자신이 바라는 이상과 실제 현실 사이에 괴리가 있다는 것을 인정하면, 괴리감으로 인해 고통스럽기 때문이다.

왜곡된 인지와 정당화

예를 들어 나르시시스트 부모를 둔 자녀들 중에 부모가 나르시시스트라는 것과 가족 관계에 심각한 문제가 많다는 사실을 성인이 되어서까지 인정하지 못하는 사람들이 있다. 어렸을 때 자신은 따뜻하고 사랑이 많은 엄마를 원했는데, 실제 엄마는 자기중심적이고 지나치게 통제적이며, 쉽게 분노하는 나르시시스트였다고 가정해보자. 내가 바라는 엄마와 실제 엄마가 너무 다르다 보니, 아이는 혼란스럽고 두려울 수 있다.

그래서 아이는 스스로 불편한 감정들을 줄이기 위해서 엄마에 대한 자신의 인지를 왜곡시킨다. '엄마가 형은 칭찬하면서 나만 혼내는 이유는 형보다 내가 못났으니까 걱정되어 그러는 거야', '엄마가 아빠한테 자주 화를 내고 소리 지르는 이유는, 아빠가 돈을 잘 못 버니까 더 좋은 아빠가 되라고 우리를 위해서 나서주는 거야'라며 어린 마음에 나르시시스트 엄마의 그릇된 언행을 변호해주고 정당화시켜준다. 즉 현실 속 엄마를 좋게 포장해서 '우리 엄마는 나쁜 엄마는 아니다'라고 스스로 생각하게 만드는 것이다.

그리고 이러한 왜곡된 인지가 성인이 되어서까지 지속된다. 그래서 아들이 결혼 후에도 엄마가 자신의 아내를 무시하고 모욕감을 주는 언행을 보이면, "엄마가 표현이 서툴고 거칠어서 그렇지 정말 나쁜 사람은 아니야, 네가 너무 예민하게 반응하는 것 같아"라며 가해를 하는 엄마가 아닌 피해를 당하는 아내에게 잘못의 책임을 돌린다.

또는 어느 날 남편이 결혼 생활 동안 외도를 반복해왔다는 사실을 알게 된 아내가 있다고 가정해보자. 아내는 남편이 자신과 자녀들을 배신했다는 생각에 분노가 치밀어 올랐다. 그러나 이 관계를 지금 끝내기에는 본인이 이미 너무 많은 것을 남편에게 할애하고 헌신한 상태였다. 그래서 아내는 '밖에서 힘들게 일하다 보면 술 마시고 실수로 바람도 피우고 할 수도 있는 거지, 이런 경험이 없는 아내들은 거의 없을 거야. 내가 요즘 충분히 관심을 주지 못했나 봐, 이런 것쯤 이해해주지 못하면 내가 마음이 좁은 거지'라며 남편의 행동을 정당화하고 관계를 이어 나간다.

결국 나르시시스트에 대한 정당화는 스스로가 자신의 상황을 합리화하는 과정의 일환이다. 내 인생의 상당 기간을 희생하고 할애한 대상이 나르시시스트라는 사실을 인정하는 순간, 그리고 지금껏 지켜왔던 내 삶이 결코 행복하지 않았다고 인지하는 순간, 내 인생 자체가 후회스럽고 허무하게 느껴질 수 있기 때문이다. 그리고 상대가 정말 나르시시스트라면, 내 삶은 결코 내가 원하는 이상적인 방향으로 갈 수 없다는 것을 알기에, 이를 인정하고 싶지 않은 것이다.

변화의 시작점

나 자신에 대한 또는 내 주변의 중요한 사람이나 상황에 대한 명확한 인지는 나 자신에게 이로운 변화를 시도하게 해줄 발판 역할을 하기 때문에, 정신건강의학과 치료 안에서 가장 중요하게 여기는 요소 중 한 가지다. 물론 내가 처한 현실이 내가 꿈꾸는 이상과 다르다는 것, 나에게 정말 중요한 사람이 실제로는 건강하지 않은 나르시시스트라는 사실을 인정하는 것은 결코 쉽지 않다. 내가 오랜 기간 감내한 고통과 희생이 소용이 없었다는 것을 깨닫는 순간 얼마나 슬프고, 억울하고, 무섭고, 화가 나겠는가? 또한 그러한 인지를 기반으로 내게 중요한 관계들을 어느 정도 정리하는 것 자체도 매우 버거운 일이고, 또 현실적으로 가능하지 않을 수도 있다.

그러나 내가 실제로 연인이나 배우자와 헤어지든 안 헤어지든, 부모에게 거리를 두든 그렇지 않든, 직장을 옮기든 안 옮기든, 상대방이 건강하지 않은 사람이라는 인식이 있는 것과 없는 것에는 큰 차이가 있다. 내가 관계를 유지한다고 하더라도 그런 인식이 관계 안에서 내가 앞으로 어떻게 대처를 하고 판단을 내리는지에 막강한 영향력을 끼치기 때문이다.

정말 건강한 사람은 이상과 현실의 괴리를 직시하고, 거기에서
오는 부정적인 감정들을 그대로 받아들이며 천천히 소화해나가는
사람이다. 몸에 좋은 약이 입에 쓰다는 말이 있듯이, 이러한 과정이
궁극적으로는 내가 앞으로 나르시시스트로부터 벗어나 건강하고
자유로운 삶을 살아가도록 이끈다.

물리적 거리보다 더 중요한
마음의 거리

나르시시스트에 대한 인지가 생긴 후 현실적으로 물리적인 거리 두기가 가능한 상황에 있는 사람들은, 나르시시스트로부터 거리를 두려고 시도한다. 교류를 아예 끊기도 하고, 관계를 단절하는 것이 가능하지 않으면 직접 대면하거나 연락을 주고받는 횟수라도 줄인다. 어떤 사람들은 나르시시스트로부터 지리적으로 먼 곳으로 이사를 가기도 한다. 그리고 과거와는 확연히 달라진 표면적인 상황에 만족하며, '이 정도면 나르시시스트와의 문제가 해결되었다'라고 여긴다. 그런데 마음 한구석은 여전히 불편하고 괴롭다. 그 이유는 나르시시스트와의 물리적인 관계 양상 이상으로, 정신적으로 얼마나 그 사람과 결부되어 있는지가 막강한 영향력을 끼치기 때문이다.

예를 들어 나이 든 나르시시스트 부모를 똑같이 두세 달에 한 번 만나는 자녀들이 각각 있다고 가정해보자. 두 자녀가 부모와 보내는 시간 자체는 똑같을 수 있으나 각자가 느끼는 심적인 고통의 수준은 다를 수 있다. 그 이유는 두세 달에 한 번 부모를 만나는 그 시간 자체보다 평소에 그 부모와 정서적으로 얼마나 연결되어 있는지가 전반적인 정신 건강에 영향을 많이 주기 때문이다.

내가 얼굴을 보며 대화하고 밥 먹는 시간 자체는 두세 달에 세 시간이라고 해도, 나르시시스트 부모와 심리적으로 아직 연결된 경우에는 물리적으로 떨어져 있는 많은 시간 동안 신경이 나르시시스트 부모에게 집중될 수 있다. 즉 부모로부터 전화나 문자가 오면 한동안은 부모의 잘못에 대한 반추나 분노의 감정이 지속된다든지, 부모를 직접 만나러 가기 전에는 오랜 시간 그 상황에 대해 염려하고, 작은 실책이라도 잡히지 않도록 준비하느라 많은 시간을 할애한다든지, 내가 이전처럼 부모를 자주 찾아가지 않는다는 죄책감 때문에 불편한 마음을 계속 안고 있는 등의 경우이다. 비록 몸은 나르시시스트 부모로부터 떨어져 있지만, 부모로부터 받는 정신적 피해는 지속되는 것이다.

반면에 나르시시스트 부모로부터 정신적으로 분리가 잘된 경우에는 표면적으로 비슷해 보이는 상황에서도 내면적으로 겪는 심리가 다르다. 직접 만나는 시간 동안에는 여전히 부모가 보이는 그릇된 행동들로 인해 다소 불쾌할 수는 있지만, 물리적으로 떨어져 있는 그 외의 시간에는 나르시시스트 부모로부터 자유롭다. 부모가 또 터무니없는 요구 사항으로 연락을 해오거나 그 외의 방법으로 자극이 들어와도 '또 그러나 보네'라며 무덤덤하게 넘긴다.

나르시시스트와의 물리적 거리도 중요하지만 더 중요한 나의 심리적 거리이다. 아무리 물리적인 거리가 생겼더라도 심리적인 거리가 제대로 자리 잡혀 있지 않으면 나르시시스트로부터 진정으로 자유해질 수 없으며, 이는 내 마음속에서 건강하지 않은 관계 양상이 지속되는 데에 기여한다. 따라서 물리적인 거리가 생겼다고 무조건 안심하면 안 된다. 아직 내 안에 다루어야 하는 내적인 요소들이 그대로 남아 있지는 않은지 돌아봐야 한다.

왜 내 주변에는
나르시시스트들이 많을까?

내가 운영하는 유튜브 채널에 게시하는 영상들에 많이 달리는 댓글 중 하나가, "왜 제 주변에는 온통 나르시시스트뿐이죠?"이다. 물론 사회 문화적 요소로 인해 나르시시스트적 특성이 강한 사람들이 점차 늘어나고 있는 것으로 여겨지며, 절대적인 숫자가 늘어서 주변에 나르시시스트가 많은 것처럼 느껴지는 것일 수도 있다. 그러나 다른 사람들보다도 유독 나르시시스트와 긴밀한 관계를 많이 맺게 되는 사람들이 있다.

예를 들어 나르시시스트 남편에 대한 상담을 하기 위해 나를 찾아온 내담자들 중 대부분은, 시부모를 포함한 시가 식구들 중에 나르시시스트적 성향이 높은 사람들이 있다는 것은 어느 정도 인지한 채 내원한다. 그런데 자세한 면담을 통해 더욱 깊게 탐색을 해보면 내담자의 원가족인 부모와 형제는 물론, 심지어는 과거 교제한 애인이나 친하게 지낸 친구, 가깝게 지낸 직장 동료 중에서도 나르시시스트적 측면이 두드러진 사람들이 많았다는 것을 깨닫는다. 본인이 인지하지 못해서 그렇지, 지금까지 온통 나르시시스트에 둘러싸여 지내온 것이다. 따라서 내가 종종 드리는 조언이, "자신이 특정 나르시시스트와 오랫동안 긴밀하게 지낸 경험이 있다면, 아직까지도 가까운 주변에 내가 미처 인지하지 못하는 나르시시스트가 여러 명 더 있을 가능성이 높다"이다. 그렇다면 왜 특정한 사람 주변에 유독 많은 나르시시스트가 몰리는 것일까?

반복을 조심할 것

인간은 습관의 동물이라는 얘기도 있듯이, 우리는 특정 상황에 익숙해지고 습관화되는 습성이 있다. 생존을 위해서 이러한 적응력이 필수적이었기 때문이다. 그래서 밖에서 들리는 공사 소리가 처음에는 매우 거슬리는데 장기간 지속적으로 듣다 보면 무뎌지게 되고, 계절에 따른 급격한 기온 변화에도 며칠은 불편하다가 그에 맞게 옷차림과 냉난방을 조정하면 어느덧 익숙해진다. 이렇게 물리적인 환경에 점차 적응을 하듯이, 사람들은 불편한 인간관계 안에서도 적응하려는 습성이 있다.

예를 들어 불같이 화를 잘 내는 상사를 만났을 때는 초반에는 상사가 화를 낼 때마다 너무 놀라고 가슴이 콩알만 해지지만, 몇 달 또는 몇 년 동안 그 상사가 화내는 모습을 반복적으로 마주하면, 그러려니 하고 넘기게 된다. 온갖 적대적인 모습을 보이는 나르시시스트와의 관계 안에서도 처음에는 상대방이 상당한 불편감을 느낄 수밖에 없다. 하지만 시간이 지날수록 나르시시스트와 그의 그릇된 언행에 점차 익숙해질 수 있다. 그래서 오랜 기간 긴밀하게 알고 지낸 사람이 나르시시스트라는 의미는, 내가 그 나르시시스트에게 적응을 한 상태에서 관계를 유지해나가고 있다는 뜻이다. 그리고 또다시 내 주변에 새로운 나르시시스트가 나타나도, 이미 비슷한 느낌의 사람에게 익숙해졌기에 특별한 거부감 없이 대하게 된다. 이렇게 반복적으로 여러 명의 나르시시스트와 관계를 시작하고 이어나가는 것이다.

따라서 부모 중에 나르시시스트가 있으면 성인이 되어서도 나르시시스트와 가까운 관계를 맺을 가능성이 높아진다. 자녀의 입장에서는 나르시시스트 부모의 욕구를 충족시켜주어야 작은 관심이라도 받을 수 있었기에, 어렸을 때부터 부모의 서플라이 역할을 해줄 수밖에 없는 입장에 처한다. 이런 서플라이 역할을 성장 기간 동안 하다 보면 그 역할이 습관적으로 몸에 배어서 성인이 되어서도 관계 안에서 그 역할을 답습하게 된다. 이에 서플라이가 필요한 주변의 나르시시스트는 그것을 제공하는 그에게 끌리게 되고, 그도 자신을 필요로 하는 착취적인 나르시시스트가 익숙한 느낌이 들기 때문에 끌릴 수 있다.

또한 어렸을 때부터 친밀한 인간관계는 항상 정서적인 고통을 수반해 왔기에 어느 관계 안에서도 힘듦이 있어야만 관계가 유지될 수 있다는 왜곡된 믿음이 그의 무의식에 자리 잡을 수 있다. 그래서 오히려 불필요한 고통이 수반되지 않는 건강한 관계에서는 관계가 끝날 것에 대한 불안함을 경험하고, 이에 안정적인 관계를 갖는 것을 자신도 모르게 회피한다. 또한 나르시시스트 부모로부터 "너는 충분히 좋은 사람이 아니야"라는 메시지를 늘 받다 보니, 스스로도 정말 그렇게 믿어서 성인이 되어서도 자신을 부족한 존재처럼 대우해주는 사람이 오히려 편하고 자신에게 맞는 사람이라고 여긴다. 그래서 이런 무의식적인 믿음을 자극하는 나르시시스트가 나타나면 강렬하게 끌리는 것이다.

내가 지금까지 주변의 나르시시스트로 인해 여러 번의 고통스러운 경험을 했다면, 내가 다른 사람을 맞춰주고 기쁘게 해줘야 한다고 생각하며, 나는 부족하기에 함부로 대해도 괜찮다고 무의식적으로 여기는 것은 아닌지 돌아봐야겠다. 또한 나를 괴롭히는 나르시시스트가 의식적으로는 불편하더라도 나도 모르게 익숙하게 느끼는 것은 아닌지 곰곰이 생각해보자.

나의 좋은 면들이
그를 끌어당긴다면

앞서 자신의 건강하지 않은 무의식적인 측면들이 어떻게 나르시시스트와의 관계를 지속하도록 영향을 주는지 살펴보았다. 그런데 이와는 상반되는 양질의 측면들 또한 나르시시스트를 자석처럼 끌어당기기도 한다. 따라서 어떠한 양질의 특성이 나르시시스트와의 관계에 영향을 미치는지 알고 또 자신에게 이러한 특성이 존재하는지 파악하고 있다면, 나르시시스트의 접근을 미리 예견할 수 있을 뿐만 아니라 그들과 거리 두기를 하는 데도 도움이 될 것이다.

공감 능력

나르시시스트가 잘 꼬일 수 있는 첫 번째 특성은 공감 능력이 높은 것이다. 공감 능력이란 상대방의 감정을 민감하게 알아차리고 그것을 이해하고 느끼는 것으로, 깊이 있는 관계를 맺고 상호 교류하기 위해서는 없어서는 안 될 중요한 요소이다. 정신과 의사들의 전공의 수련 과정에서 가장 강조되는 항목 중 하나도 환자를 대할 때의 공감 능력이다. 그런데 공감 능력은 타고난 기질과 성장 환경의 상호 작용에 의해 이른 시기에 이미 형성되는 것이다 보니, 워낙 시작점이 낮아서 아무리 훈련을 받아도 공감 능력을 잘 발휘하지 못하는 의사들도 있다.

이와 마찬가지로, 공감 능력이 뛰어난 사람들이 그 능력을 의도적으로 덜 발휘하는 것도 쉽지 않다. 본인이 원치 않아도 모든 상황에서 상대방의 감정이 예민하게 감지되고 그에 맞춰서 세심하게 반응하게 되다 보면 지칠 수 있다. 예를 들어 공감 능력이 높은 사람들은 직장에서도 실질적인 이해관계 때문에 상사에게 잘하는 것이 아니라, '내가 상사여도 아래 사람들이 잘 따라주지 않으면 참 힘들 거야'라는 생각에 상사의 마음을 살피는 차원에서 상사에게 잘하게 된다.

또 툭하면 별일 아닌 일로 삐치거나 우울해하는 친구를 차마 모른 척하지 못하고 지치지만 반복해서 친구를 위로해주고 챙겨주게 된다. 심지어는 가깝게 지내는 사람들뿐만 아니라, 친하지 않은 사람들의 감정도 지나치게 신경 쓸 수 있다. 종종 식사를 하러 가는 식당 사장님이 어느 날 표정이 어두우면 마음이 쓰이고 안부를 여쭤봐야 하는 압박감이 들 수도 있다. 주변에서는 오지랖이 넓은 것이라고 하지만, 공감 능력이 높은 사람들은 주변 사람들 감정이 쉽게 전달이 되고 느껴지다 보니 자연스럽게 생기는 반응이다.

그래서 공감 능력이 뛰어난 사람들이 지쳐서 '앞으로는 덜 공감적으로 사람들을 대해야지'라고 아무리 다짐을 해도, 상대가 또다시 힘들어하는 모습을 보이면 저절로 공감이 가고 정신적인 에너지를 소비하게 된다. 즉 공감 능력은 높이는 것도 낮추는 것도 마음대로 되는 것이 아니다.

분명히 해두어야 할 점은, 공감 능력은 높은 게 바람직한 것이다. 정서적으로 건강하기 위해서 가장 필수적인 요소 중 하나가 바로 공감 능력이며, 나르시시스트의 건강하지 않은 심리의 핵심 또한 공감 능력의 결핍이다. 이에 공감 능력 자체는 너무나 귀한 자질이지만, 나르시시스트가 공감 능력이 뛰어난 사람들을 유독 곁에 두고 싶어 한다는 사실이 문제이다.

공감의 높낮이 연습

문제는 나르시시스트가 꼬이지 말라고 공감 능력을 일부러 없앨 수도 없는 노릇이라는 점이다. 그렇다면 공감 능력이 높은 사람들이 나르시시스트와의 관계 안에 끌려들어 가지 않기 위해서는 과연 어떻게 해야 하는 것일까?

우선, 공감 능력도 적절한 대상에게만 발휘해야 하는 것이며, 무분별하게 사용하는 경우 오히려 역효과가 날 수 있다는 사실을 인지해야 한다. 나르시시스트에게 받는 것 없이 지속적으로 공감해주다 보면 결국 지칠 수밖에 없으며, 자신의 공감을 진정으로 필요로 하고 유익하게 활용할 다른 사람들에게는 막상 발휘하지 못할 수 있다. 그런데 앞서 언급하였듯이 공감 능력의 높낮이를 자율적으로 조절하기란 쉽지 않기 때문에, 나르시시스트에게 선택적으로 줄여서 발휘하려면 어느 정도 연습이 필요하다. 처음에는 상대 나르시시스트가 나에게 자신의 힘든 감정을 강력하게 뿜어내는 상황에서 내가 그 감정을 그대로 받아들이지 않고 반응하지 않는 것이 매우 불편하고 어색하게 느껴질 것이다. 그러나 그런 경험들이 반복되다 보면, 심리적인 맷집이 점차 생기면서 나의 마음속에 불편감이 서서히 줄어드는 것을 경험할 수 있다.

용서하는 마음

나르시시스트가 잘 꼬이는 또 다른 특성들은, 상대방의 가장 좋은 면을 보려고 하고 용서를 잘 해주는 모습이다. 이 또한 매우 좋은 자질로, 건강한 사람들 간의 관계에서는 상대의 장점을 더욱 끌어내고, 배려하게 되며, 관계를 풍성하게 해준다. 그런데 나르시시스트와의 관계에서는 이 양질의 특성들이 오히려 문제를 일으킬 소지가 있다. 그 이유는 상대방의 좋은 점들을 위주로 바라보고 쉽게 용서해주다 보니, 상대방이 명백하게 잘못한 경우에도 재차 변호해주고 긍정적인 관점만을 유지하려는 경향이 생길 수 있기 때문이다.

나르시시스트 입장에서는 이보다 더 편리한 관계는 있을 수 없다. 나르시시스트는 양심의 가책을 잘 느끼지 않아서 스스로 행동을 제어할 능력이 부족하기에, 누군가가 자신의 잘못된 행동에 대해 계속 용서해주고 묵인해주면 '내가 이렇게 해도 되는 거구나'라고 생각한다. 그리고 나르시시스트가 원하는 대로 계속 그릇되게 행동할 수 있는 여지가 관계 안에서 생긴다.

그런데 공감 능력과 마찬가지로 상대방의 좋은 점을 위주로 바라보고, 상대방을 용서해줄 수 있는 능력 또한 원래는 양질의 특성들이다. 따라서 주변에 있을 나르시시스트 때문에 사람의 장점보다는 단점을 보고, 실수에 박하게 구는 사람이 될 수도 없는 노릇이다. 그렇다면 우리는 이런 양질의 측면들을 유지한 채, 나르시시스트로부터 우리 스스로를 어떻게 보호할 수 있을까?

용서의 기준

상대방의 좋은 면을 바라보려고 하는 만큼 좋지 않은 면도 동시에 인지하는 것이 중요하다. 그래서 상대방의 장단점을 객관적으로 모두 인지한 상태에서 상대의 행동에 대한 잘잘못 또한 객관적으로 평가하는 능력을 유지한 채, 나와 가까운 사람은 무조건 좋은 사람이며, 다 용서해줘야 하는 대상이라는 왜곡된 인식을 바꿔야 한다. 좋은 부모란 자녀의 장점만을 바라보는 것이 아닌, 부족한 부분들을 인지하고 자녀가 그 부분을 보완할 수 있도록 이끌어주는 부모이다. 대인 관계 안에서도 상대의 장점만을 바라보고 단점은 간과하는 것은 바람직한 교류 방법이 아니다.

따라서 비단 나르시시스트뿐만 아니라 모든 중요한 관계 안에서 상대의 장단점을 명확하게 평가하고 인지하는 것이 필요하다. 그런 상태에서 상대의 단점이 남에게 상처를 주려는 의도를 내포하지 않으며, 상대방의 장점과 내가 상대에게 느끼는 감정이 그 단점을 수용할 정도로 깊이가 있다면, 그 관계를 이어 나가는 것이다.

마찬가지로, 가까운 관계라고 해서 상대의 잘못된 행동들을 모두 합리화하며 용서하는 것 또한 건강하지 않다. 잘못된 행동은 잘못된 것이며, 그로 인해 내가 상처받은 사실 또한 달라지지 않는다. 다만, 상대에 대한 애정으로 상대의 잘못으로 인한 상처를 감내하고 그를 포용하는 것이다. 그런데 만약 상대가 반복적으로 잘못을 저지른다면 이를 용서해줄지 말지는 매우 신중하게 결정해야 한다. 즉, 무조건적인 용서가 항상 정답이 아니다.

상대 나르시시스트의 건강하지 않은 측면들을 정확하게 인식하고 있다면, 아무리 상대에게 다른 좋은 점이 몇 가지 있더라도, 그 사람을 전체적으로 파악할 수 있다. 상대가 나와 교류할 때는 그 사람의 좋은 한 부분이 나와 교류하는 것이 아닌, 좋음과 나쁨이 전부 포함된 전체가 나와 교류하는 것이기에, 이 관계를 유지하는 것이 포괄적인 측면에서 과연 나에게 유익한지 신중하게 판단해야 한다. 또한 자신이 실수를 하고 나서 상대방이 용서를 해줬을 때 그것을 귀하게 여길 줄 알고 변화가 가능한 사람들은 용서를 해줘도 된다. 그러나 상대의 용서를 감사하게 여길 줄 모르고, 용서를 마치 잘못된 행동을 반복해서 해도 된다는 허용으로 받아들이는 나르시시스트는 쉽게 용서를 해주면 안 된다. 그 용서가 결국 칼이 되어서 나에게 돌아올 수 있기 때문이다.

도와주고 싶은 마음이 들지만

마지막으로 다른 사람에게 도움을 주고자 하는 마음이 큰 사람에게 나르시시스트가 잘 꼬일 수 있다. 어려움을 겪고 있는 사람이 곁에 있으면 '내가 도와줘야지'라는 생각이 자동적으로 들고, 그의 문제를 해결해주기 위해 나서는 사람들이다. 이러한 성향의 사람들은 도움이 필요한 듯이 보이는 사람을 돕지 않으면 미안한 마음과 죄책감을 잘 느낀다.

나르시시스트는 자신이 만성적으로 경험하는 정서적인 어려움을 상대에게 잘 전달하며 상대방이 도움을 주지 않을 수 없도록 상황을 잘 몰아간다. 또 성장 과정에서 정서적으로 제대로 된 보살핌을 받지 못한 채 상처를 받고 자란 경우가 많으며, 자신의 그런 상처를 관계 초반부터 상대에게 잘 드러낸다. 나르시시스트가 이런 행동을 보이는 이유는, 상대방의 연민과 죄책감을 불러일으켜서 자신에게 지지적으로 대해주고 자신의 곁에 오래 머무르도록 하기 위함이다. 또 자신의 과거 상처들을 현재 보이는 옳지 못한 행동들에 대한 변명거리로도 은근히 사용한다.

그런데 다른 사람을 구해주고자 하는 특성이 강한 사람들의 경우 이런 큰 상처를 처음부터 드러내는 나르시시스트를 마주하게 되면, '저렇게 큰 상처를 안고 살고 있다니, 내가 저 사람이 회복될 수 있게 도와줘야지'라는 욕구가 샘솟을 수 있다. 이는 본의 아니게 서플라이 역할로 이어질 수 있기에, 이런 특성의 사람들을 나르시시스트는 잘 알아보고 한번 잡으면 잘 놓아주지 않는다.

자석처럼 반대되는 성향을 지닌 물체들이 서로에게 끌리기 마련인데, 건강하지 않은 면들이 가득한 나르시시스트는 건강한 면이 풍부한, 즉 공감 능력이 높고, 타인의 단점보다는 장점을 위주로 바라보며, 남의 실수를 관대하게 용서해주고, 다른 사람을 도와주고자 하는 마음이 큰 사람들을 필요로 하고 끌리게 된다. 그래서 나르시시스트에 대한 폭넓은 지식을 바탕으로, 비교적 이른 시기에 상대 나르시시스트에 대해 어느 정도 인지가 생길 수 있다면, 미리부터 나의 이런 양질의 측면들을 보여주지 않는 것도 방법이다.

공감과 용서와 도움은 이를 진심으로 고마워하는 사람한테 베푸는 것이며, 이를 악용하는 사람들에게는 베풀 필요가 없다. 이에 나르시시스트에게 나의 소중한 능력을 헛되게 사용하지 않음으로써 생기는 불편한 마음을 어느 정도 견디다 보면, 그 불편함 때문에 나의 값진 심리적 자산을 허비하는 상황은 더 이상 생기지 않을 것이다.

에필로그

이 책을 읽으며 자신에게 크고 작은 고통을 초래한 나르시시스트들
이 떠올랐을 것이다. 그런데 다른 한편, 자신 역시 의도치 않게 다른
사람에게 준 상처들이 기억나며, 자신의 마음속에 드문드문 자리
잡고 있는 나르시시스트적인 측면들 또한 마주하게 되었을 것이다.

  우리 모두에게는 건강하지 않은 나르시시즘이 내면에 어느 정도
존재한다. 자신이 충분히 좋은 사람이라는 견고한 정체성과 안정적
인 자존감을 완벽하게 유지하는 사람은 없기 때문이다. 그러나 여
기서 중요한 것은, 건강하지 않은 측면들 이상으로 우리에게는 건
강한 측면들이 존재한다는 사실이다. 때로는 자기중심적으로 행동

하지만, 내면에 자리한 진정성 있는 따뜻함으로 다른 사람들을 대하고자 노력하고, 자신으로 인해 주변 사람들이 아픔보다는 행복감을 더욱 많이 경험한다면 그것으로 충분하다. 그리고 자신의 건강하지 않은 부분들을 인지하고 이를 바꾸려는 의지를 갖고 노력하려는 사람과 자신의 결함들을 부정하기 위해 다른 이들에게 반복적으로 피해를 주는 사람은 엄연히 다르다. 이 책이 자신의 인생의 나르시시스트로부터 자유해질 수 있는 통로를 마련함과 동시에, 자신 안에 자리 잡고 있는 건강하지 않은 심리들을 자각하고 변화를 시도하는 데 도움이 되길 바란다.

사람들은 나에게 어떻게 나르시시스트 한 가지 주제로 몇 년 동안 유튜브 콘텐츠를 준비할 수 있는지 종종 묻는다. 하지만 내게는 나르시시스트와 관련하여 논해야 할 이야기들이 여전히 많이 남아 있다. 그만큼 우리 삶 전반에 걸쳐 나르시시즘이 짙은 그림자를 드리우고 있다. 여기서는 내가 나르시시스트에 대해 전하고자 하는 이야기 가운데 핵심적인 내용만 집약하여 담고자 많은 노력을 기울였다. 이 책을 읽는 이들이 상대 나르시시스트가 자신에게 반복적으로 상처를 주는 상황이 자신의 탓이 아님을 깨닫고, 자신이 얼마나 소중한 존재인지 스스로의 가치를 자각하게 된다면, 내게는 더할 나위 없는 보상이 될 것이다.

이 책을 준비하기 전후의 긴 과정 동안 나에게 무한한 지지를 해준 내 삶의 주춧돌인 가족과 절친한 친구들에게 고마움과 사랑을 전한다. 또한 자신의 아픔을 다른 사람과 공유하는 것이 힘듦에도 불구하고, 용기를 내어 면담 안에서 또는 유튜브 채널을 통해서 자신의 과거 경험과 상처들을 진솔하게 나누어주신 분들께 깊은 감사를 표한다. 그리고 다른 여러 이유로 정신적인 고통을 받는 분들의 마음을 깊이 이해하고 치료에 대한 견해를 넓히는 데 도움을 주신 학계의 선생님들께 진심으로 감사의 말씀을 전한다. 마지막으로, 나르시시스트 관련 주제를 심도 있게 들여다보는 것이 얼마나 많은 이들에게 중요하고 필요한 것인가를 일찍이 알아보고 이 책을 만드는 데 도움을 준 토네이도 출판사께도 감사드린다.

Alessandra Lemma, 『Introduction to the Practice of Psychoanalytic Psychotherapy』, Wiley-Blackwell, 2015

American Psychiatric Association, 『Diagnostic and Statistical Manual of Mental Disorders, Fifth Edition, Text Revision, 5th Edition』, Amer Psychiatric Pub Inc, 2022

Andre Green, 『On Private Madness』, Routledge, 1996

Andrea Fossati, Aaron L Pincus, Serena Borroni, Arina Ferrari Munteanu, Cesare Maffei, 「Are pathological narcissism and psychopathy different constructs or different names for the same thing? A study based on Italian nonclinical adult participants」, Journal of personality disorder, 2014

Ava Green, Kathy Charles, 「Voicing the Victims of Narcissistic Partners: A Qualitative Analysis of Responses to Narcissistic Injury and Self-Esteem Regulation」, SAGE Open, 2019

Betty Glad, 「Why Tyrants Go Too Far: Malignant Narcissism and Absolute Power」, Political Psychology, 2002

Christopher Bollas, 『Three Characters: Narcissist, Borderline, Manic Depressive』, Phoenix Publishing House, 2021

Dan H Buie, 「Core issues in the treatment of personality-disordered patients」, Journal of the American Psychoanalytic Association, 2013

Dealing with Emotion Channel, (20160728). 29 Otto Kernberg (Otto Kernberg). https://youtu.be/-H9qZBIfjHM

Dealing with Emotion Channel, (20160729). 53 Yeomans, (Frank Yeomans). https:// youtu.be/aCmnbWOJbqk

Deree-The American College of Greece, (20140415). Otto Kernberg Masterclass-"Personality and Personality Disorders: An overview" (Part 1/3), (Otto Kernberg). https://youtu.be/g9YAQay1ljc

Deree-The American College of Greece, (20140415). Otto Kernberg Masterclass-"Personality and Personality Disorders: An overview" (Part 2/3), (Otto Kernberg). https://youtu.be/ui9Nj66Mb8Y

Deree-The American College of Greece, (20140415). Otto Kernberg Masterclass-"Personality and Personality Disorders: An overview" (Part 3/3), (Otto Kernberg). https://youtu.be/1O3mjHuiOfE

Doctor Ramani, (20190816). Why do narcissists overreact to tone of voice?, (Ramani Durvasula). https://youtu.be/R2TtsLF2DTk

Doctor Ramani, (20191004). Narcissistic family roles (scapegoat, golden child, invisible child), (Ramani Durvasula). https://youtu.be/Rn3xhDni4w4

Doctor Ramani, (20200402). What is "love-bombing"? (Glossary of Narcissistic Relationships), (Ramani Durvasula). https://youtu.be/WhILcuoVhgE

Doctor Ramani, (20200407). What is "breadcrumbing"? (Glossary of Narcissistic Relationships), (Ramani Durvasula). https://youtu.be/tned8H1DD2M

Doctor Ramani, (20200409). What is "baiting"? (Glossary of Narcissistic Relationships), (Ramani Durvasula). https://youtu.be/5HNK07Khk9w

Doctor Ramani, (20200507). "Soul distancing" as a method of dealing with narcissists, (Ramani Durvasula). https://youtu.be/NU9P41Vifec

Doctor Ramani, (20200515). GRANDIOSE Narcissists: Everything you need to know (Part 1/2), (Ramani Durvasula). https://www.youtube.com/watch?v=guPO3sfzIGI

Doctor Ramani, (20200606). Why overly empathic people are irresistible to narcissists, (Ramani Durvasula). https://youtu.be/m3Fn9uP3fGI

Doctor Ramani, (20200616). Narcissists and the Silent Treatment, (Ramani Durvasula). https://youtu.be/o8Cv5tSE6RI

Doctor Ramani, (20200623). 6 things narcissist enablers say to you, (Ramani Durvasula). https://youtu.be/Ok4-7RJut6I

Doctor Ramani, (20200714), What do narcissists do to truth tellers? (Narcissistic Family Roles), (Ramani Durvasula), https://youtu.be/VOEFh5042JQ

Doctor Ramani, (20210722). Why are narcissists so stingy when it comes to money?, (Ramani Durvasula). https://youtu.be/gdnyt9pybiY

Doctor Ramani, (20211221). The self-righteous narcissist, (Ramani Durvasula). https://youtu.be/Ei-sy07mSbI

Doctor Ramani, (20220215). When your body knows someone is a narcissist before your brain does, (Ramani Durvasula). https://youtu.be/UDxHRodGiX0

Doctor Ramani, (20230212). WATCH OUT for these 5 types of narcissistic enablers, (Ramani Durvasula). https://youtu.be/ScNnpytRwew

Dr. Craig Malkin, 『Rethinking Narcissism: The Bad-and Surprising Good-About Feeling Special, HarperCollins』, 2015

Dutton DG, Painter SL, 「Traumatic Bonding: The Development of Emotional Attachments in Battered Women and Other Relationships of Intermittent Abuse」, Victimology, 1983

Eddie Brummelman, Sander Thomaes Stefanie A. Nelemans, Bram Orobio de Castro, Geertjan Overbeek, Brad J. Bushman, 「Origins of narcissism in children」, Proceedings of the National Academy of Sciences of The United States Of America (PNAS), 2015

Einzelgänger (20200128). The Gray Rock Method|Beat 'Toxic People' with Serenity, (Einzelgänger) https://youtu.be/mUmycvTfH5Q

H S Baker, M N Baker, 「Heinz Kohut's self psychology: an overview」, The American journal of psychiatry, 1987

Herbert Rosenfeld, 「A Clinical Approach to the Psychoanalytic Theory of the Life and Death Instincts: An Investigation Into the Aggressive Aspects of Narcissism」, The International Journal of Psychoanalysis, 1971

Herbert Rosenfeld, 「On the Psychopathology of Narcissism a Clinical Approach」, The International Journal of Psychoanalysis, 1964

Ichiro Kishimi, Fumitake Koga, 『The Courage to Be Disliked: The Japanese Phenomenon That Shows You How to Change Your Life and Achieve Real Happiness』, Atria Books, 2018

Jeffrey E. Young, Janet S. Klosko, Marjorie E. Weishaar, 『Schema Therapy: A Practitioner's Guide』, The Guilford Press, 2006

Jeffrey Kluger, 『The Narcissist Next Door: Understanding the Monster in Your

Family, in Your Office, in Your Bed-in Your World』, Riverhead Books, 2015

Jochen E Gebauer, 「Communal narcissism」, Journal of personality and social psychology, 2012

John Steiner, 「Seeing and Being Seen」, The International Journal of Psychoanalysis, 2006

Joseph Burgo, 『The Narcissist You Know: Defending Yourself Against Extreme Narcissists in an All-About-Me Age』 Touchstone, 2016

Julie L. Hall, 『The Narcissist in Your Life: Recognizing the Patterns and Learning to Break Free』, Hachette Books, 2019

Manfred F. R. Kets de Vries, Down the Rabbit Hole of Leadership: Leadership Pathology in Everyday Life, Palgrave Macmillan, 2018

Mark Ettensohn, 『Unmasking Narcissism: A Guide to Understanding the Narcissist in Your Life 』, Callisto Media, 2016

Mark F Lenzenweger, 「Proximal Processes, Temperament, and Pathological Narcissism: An Empirical Exploration from the Longitudinal Study of Personality Disorders」, Psychopathology, 2023

MedCircle, (20200617). How to Spot the Hidden Signs Someone Is Gaslighting, (Ramani Durvasula). https://youtu.be/FISZshe9L3s

Mila Goldner-Vukov, Laurie Jo Moore, 「MALIGNANT NARCISSISM: FROM FAIRY TALES TO HARSH REALITY」, Psychiatria Danubina, 2010

NEA BPD, (20170501). NASSPD Annual Conference 2017 Otto Kernberg, M d A New View Of A System Of Psychoanalytic Tech (Otto Kernberg). https:// youtu.be/ Liv3RrE2yvo

Otto F Kernberg, 「Narcissistic Defenses in the Distortion of Free Association and Their Underlying Anxieties」, The Psychoanalytic quarterly, 2015

Otto F Kernberg, 「New developments in transference focused psychotherapy」, The International journal of psycho-analysis, 2016

Otto F Kernberg, 「The destruction of time in pathological narcissism」, The International journal of psycho-analysis, 2008

Otto Kernberg, 『Aggressivity, narcissism and self-destructiveness in the psychotherapeutic relationship: New developments in the psychopathology and psychotherapy of severe personality disorders』 New Haven, CT: Yale University Press, 2004

Otto Kernberg, 『Severe Personality Disorders: Psychotherapeutic Strategies』, Yale

University Press, 1993

PDLabassociazione, (20121031). Frank E. Yeomans, MD, PhD, "The TFP approach to the narcissistic patient" (Frank Yeomans). https://youtu.be/Hp4AcdnRViI

Ramani S. Durvasula, 『"Don't You Know Who I Am?": How to Stay Sane in an Era of Narcissism, Entitlement, and Incivility』, Post Hill Press, 2019

René Roussillon, 「The Deconstruction of Primary Narcissism」, The International Journal of Psychoanalysis, 2010

Roger A. Mackinnon, Robert Michels, Peter J. Buckley, 『The Psychiatric Interview in Clinical Practice, Third Edition』, Amer Psychiatric Pub, 2015

Rune Fardal, (20140930). Otto Kernberg on narcissistic personality disorder, (Otto Kernberg). https://youtu.be/fty8OcYsrLE

Rune Fardal, (20171101). Otto Kernberg, Narcissistic PD-part 1 of 4, (Otto Kernberg). https://youtu.be/SOqlLy3kwXA

Rune Fardal, (20171101). Otto Kernberg, Narcissistic PD-part 2 of 4, (Otto Kernberg). https://youtu.be/r_3t-JVpyPM

Rune Fardal, (20171101). Otto Kernberg, Narcissistic PD-part 3 of 4, (Otto Kernberg). https://youtu.be/KArInMnGT_I

Rune Fardal, (20171101). Otto Kernberg, Narcissistic PD-part 4 of 4, (Otto Kernberg). https://youtu.be/d0gor-Oby1A

Stefan Roepke, Aline Vater, 「Narcissistic Personality Disorder: An Integrative Review of Recent Empirical Data and Current Definition」, Current psychiatry reports, 2014

Stephen A. Mitchell, Margaret J. Black, 『In Freud and Beyond: A History of Psychoanalytic Thought』, 1995

TAUVOD, (20171115). Review of Kernberg's main ideas regarding Personality Organization, Personality Disorders (Otto Kernberg). https://youtu.be/vZS7DiZa_4A

The Carter-Jenkins Center, (20180807).The Almost Untreatable Narcissistic Patient, (Otto Kernberg). https://youtu.be/Cau_uf8aScw

Vittorio Lingiardi, Nancy McWilliams, 『Psychodynamic Diagnostic Manual: PDM-2 Second Edition』, The Guilford Press, 2017

W. Keith Campbell, Constantine Sedikides, 「Self-threat magnifies the self-serving bias: A meta-analytic integration」, Review of General Psychology, 1999

나에겐 상처받을 이유가 없다

1판 1쇄 발행 2023년 7월 3일
1판 7쇄 발행 2024년 11월 28일

지은이 원은수
발행인 오영진 김진갑
발행처 토네이도미디어그룹㈜

책임편집 박민희
기획편집 박수진 유인경 박은화
디자인팀 안윤민 김현주 강재준
마케팅 박시현 박준서 김예은 김수연
경영지원 이혜선

출판등록 2006년 1월 11일 제313-2006-15호
주소 서울시 마포구 월드컵북로5가길 12 서교빌딩 2층
원고 투고 및 독자 문의 midnightbookstore@naver.com
전화 02-332-3310 팩스 02-332-7741
블로그 blog.naver.com/midnightbookstore
페이스북 www.facebook.com/tornadobook
인스타그램 @tornadobooks

ISBN 979-11-5851-269-9 (03180)